Von Hamburg nach Santiago de Compostela

3360 Km mit dem Fahrrad

Günter Busse

Ein Reisebericht

Günter Busse wurde 1952 in Schleswig-Holstein als zweites Kind einer Arbeiterfamilie geboren. Nach einer Ausbildung in einem Metallberuf und dem Erwerb einer höheren Allgemeinbildung auf dem Zweiten Bildungsweg erlebte er viele Jahre in verschiedenen Betrieben der Metallindustrie, zu Beginn auch mit Phasen von Arbeitslosigkeit. Von 1981 bis 2015 arbeitete er in Hamburg in einem Betrieb der Schiffbauindustrie, bis er 2013 in den Vorruhestand gehen konnte. Seit dem Ende seiner Berufstätigkeit ist er viel mit dem Fahrrad unterwegs, primär in Deutschland und angrenzenden Ländern. Und er fuhr den Jakobsweg nach Santiago de Compostela – mit Start in Hamburg. Schriftliche Arbeiten begleiten ihn privat schon viele Jahre, so lag es nahe, von seiner Pilgerreise mit dem Fahrrad in dieser Form zu berichten.

Für Anna, Susanne und Noah

und alle Fahrradpilger

Vollständige Taschenbuchausgabe
Alle Rechte vorbehalten
Copyright © 2017 Günter Busse
Rückmeldungen, Kommentare, Anmerkungen gerne an:
guenter.busse@gmail.com

Alle Fotos: Günter Busse
Titelfoto: Landstraße zwischen Fromista und Sahagun in Nordspanien
mit direkt daneben liegendem Pilgerweg

© 2017 Herstellung und Verlag:
BoD – Books on Demand, Norderstedt
Printed in Germany
ISBN: 9783744895750

Vorwort

In diesem kleinen Bericht erzähle ich etwas von meiner Reise mit dem Fahrrad von Hamburg nach Santiago de Compostela. So wie ich es erlebt habe, wie ich gefahren bin.
Alles in diesem Bericht sind meine persönliche Erfahrungen, meine Eindrücke, mein Erleben, meine Gedanken, meine Sichtweise, meine Fotos – ohne irgendeinen Anspruch auf Objektivität.
Ich war als Pilger unterwegs, als Fahrradpilger auf dem Jakobsweg.
Es war mein Glück, die Berufstätigkeit durch einen Altersteilzeit-Vertrag recht früh beenden zu können. Mit 60 Jahren begann meine „passive" Phase der Altersteilzeit – und ich musste nicht mehr zur Arbeit!
Da ich schon immer gern und viel mit dem Fahrrad unterwegs war, begann ich erst kürzere, dann immer längere Fahrradreisen zu machen. Die Elbe entlang, rund ums Ijsselmeer in Holland, nach Berlin, nach Süddeutschland und nach Frankreich hinein…Immer weiter.
Irgendwann kam ich auf die Idee, von meiner Heimatstadt Hamburg bis nach Portugal zu fahren, also eine richtige „Heldentat" mit einer mehrwöchigen Reise zu vollbringen – als Krönung meiner Touren. Mit Zelt und Schlafsack auf dem Fahrrad, ein alter Traum, unabhängig und frei. Doch leider kam ich nur bis Montpellier in Südfrankreich (immerhin), dann musste ich wegen einer „leichten" Erschöpfung aufgeben.
Anfang 2015 bekam ich zwei kleine Bücher in die Hände, in denen Fahrradpilger ihre Reisen von Deutschland nach Santiago de Compostela beschrieben. Deren Berichte faszinierten mich und ließen mich nicht mehr los. Das war es! Warum diese Berichte mich so stark ansprachen?
Der Grund ist mir nicht klar, aber so war es. Und ich begann mit den Vorbereitungen.
Unterstützung bekam ich vom Pilgerbüro der Jacobi-Kirche in Hamburg, von vielen Menschen unterwegs, von Pilgern und Kirchenmenschen.
Danke!
Und ich danke meiner Lebensgefährtin, die mich so oft per Telefon und Skype anhörte und mir Mut zusprach. Danke Arielle!

Inhaltsverzeichnis

Vorwort	6
Pilgerbüro und Pilgervesper	9
Mein Weg in Deutschland 2015 - 910 Km	**10**
Von Hamburg nach Verden	11
Von Verden nach Minden	14
Von Minden nach Schloß Holte	16
Von Schloß Holte nach Soest	19
Von Soest nach Finnentrop	21
Von Finnentrop nach Betzdorf	24
Betzdorf und andere Orte - Straßenverkehr	26
Von Betzdorf nach Koblenz	27
Von Koblenz nach Alf	31
Von Alf nach Trier	35
Ruhetag in Trier	39
Von Trier nach Saarbrücken	41
Mein Weg in Frankreich 2015 – 820 Km	**44**
Von Saarbrücken nach Dieuze	45
Von Dieuze nach Epinal	48
Von Epinal nach Bourbonne les Baines	52
Von Bourbonne les Baines nach Champlitte	56
Von Champlitte nach Dijon	59
In Dijon I	62
In Dijon II	64
Von Dijon nach Buxy	66
Von Buxy nach Matour	70
Kerzen	73
Von Matour nach Charlieu	75
Von Charlieu nach Boen-sur-Lignon	78
Von Boen-sur-Lignon nach Bas-en-Basset	82
Von Bas-en-basset nach Le Puy en Velay	87
Ein Tag in Le Puy	90
Zurück von Le Puy nach Hamburg	94
Robert	95
Zuhause	98

Mein Weg in Frankreich 2016 – 750 Km	99
2016 - Auf ein Neues – wieder nach Le Puy en Velay	100
Von Le Puy en Velay nach Saugues	102
Von Saugues nach Nasbinals	106
Von Nasbinals nach Grand Vabre	110
Von Grand Vabre nach Cabrerets	117
Von Cabrerets nach Moissac	123
Von Moissac nach Lectoure	127
Von Lectoure nach Nogaro	132
Von Nogaro nach Pau	136
Von Pau nach Navarrenx	139
Von Navarrenx nach St Jean Pied-de-Port	143
Mein Weg in Spanien 2016 – 880 Km	**147**
Von St Jean Pied-de-Port nach Pamplona	148
Von Pamplona nach Estella	156
Von Estella nach Najera	160
Von Najera nach Burgos	166
Von Burgos nach Fromista	172
Von Fromista nach Sahagun	179
Von Sahagun nach Hospital de Orbigo	184
Opfer des Straßenverkehrs	188
Von Hospital de Orbigo nach Foncebadon	190
Von Foncebadon nach Vega de Valcarce	197
Von Vega de Valcarce nach Sarria	202
Von Sarria nach Melide	208
Von Melide nach Santiago de Compostela	212
Von Santiago de Compostela nach Hause	220
Meine Compostela	222
Stempel im Pilgerpass	223
Pilgerpass	224
Material – mein Rad	225
Material – Buch und Karten	226
Gepäckliste	227
Kleiner Rückblick	228
Mein gesamter Weg – 3360 Km	**230**

Pilgerbüro

Am Donnerstag, den 26. März 2015, fuhr ich mit meinem Fahrrad ins Zentrum Hamburgs, zum Pilgerbüro in der Kirche St. Jacobi. Donnerstags ist das Pilgerbüro von 15:30 bis 17:30 geöffnet. Ich klingelte an der Rückseite der Kirche und wurde hereingelassen. Und ich bekam einen Pilgerpass, meine Credencial del Peregrino. Im Pilgerpass wurden meine persönlichen Daten aus dem Personalausweis eingetragen und dass ich „en bicicleta" ab Hamburg nach Santiago de Compostela pilgere.
Ein schönes Gefühl, den eigenen Pilgerpass in der Hand zu haben. Und den ersten Stempel bekam ich gleich mit: St. Jacobi, Hamburg.

Pilgervesper

Jeden ersten Donnerstag im Monat gibt es eine Pilgervesper in St. Jacobi. Am 2. April 2015 wurde diese in einen Gottesdienst, der um 18 Uhr begann, integriert. Bei der Ausgabe meines Pilgerpasses hatte mir die nette Mitarbeiterin gesagt, man könne bei der Pilgervesper einen Segen für den Weg bekommen. Deshalb fuhr ich an dem Tag wieder ins Zentrum und besuchte den Gottesdienst.
Die anwesenden Pilger, ich schätze, es waren wohl zwanzig Menschen, oder vielleicht auch nur fünfzehn, konnten nach ungefähr einer Stunde nach vorn gehen und sich vom Pastor, dem Pilgerpastor von St. Jacobi, einen Segen erhalten. Jeder Pilger sagte seinen Namen und seinen Weg oder sein Ziel. Pastor Lohse legte dann seine Hände auf den Kopf oder auf die Schultern der Pilger und sagte jedem etwas Gutes. Mir sagte er etwas von einem Schutzengel und dass Gott mir das Ziel, das er für mich vorgesehen hat, zeigen würde. Diese Worte fand ich sehr schön – auch wenn ich nicht an Gott glaube, hatte diese Zeremonie etwas sehr Bewegendes und sehr Anrührendes. Meine Augen wurden etwas feucht dabei. Es war das erste Mal in meinem Leben, das ein anderer Mensch mich persönlich segnete. Nach der Segnung verließ ich den Gottesdienst vorzeitig, wie ich gestehen muss, und fuhr bei windigem kaltem Wetter zurück in meinen Stadtteil Farmsen. Es war gut, dass ich teilgenommen hatte.

http://www.jacobus.de/

http://deutsche-jakobus-gesellschaft.de

www.jakobsweg.de

Mein Weg im Frühjahr 2015 in Deutschland – 910 Km

Ich begann am 16. April, startete im Süden meiner Heimatstadt Hamburg und fuhr in 11 Tagen bis zur französischen Grenze in der Nähe von Saarbrücken. Meine Route in Deutschland hatte ich selbst überlegt und geplant, in Frankreich fuhr ich weiter mit Hilfe meines Reiseführers „Radwandern entlang des Jakobsweges" bis nach Le Puy en Velay. Mein Reiseführer hatte eine Route von Saarbrücken bis nach Le Puy vorgeschlagen, daran wollte ich mich halten. Deshalb war mein Ziel in Deutschland zunächst die französische Grenze bei Saarbrücken. Ein „offizieller" Jakobsweg war meine Route in Deutschland wohl nicht.

Von Hamburg nach Verden – Start!
16.4. 2015 - Tag 1

Am 16.4. ging es endlich los. Nach den Renovierungsarbeiten in meiner neuen Wohnung und der Umzugsarbeit, dem Krankenhausaufenthalt meiner Mutter, Arbeit für meine Partei und so vielen anderen kleinen und größeren Dingen konnte ich mich endlich loseisen.

Das Fahrrad war gepackt, mit gut 19 Kg Gepäck, aufgepumpt, und der Fahrer: bereit!

Und so fuhr ich am Donnerstag, den 16.4.2015 in Hamburg-Farmsen ab, um 10 Uhr, zunächst mit U- und S-Bahn bis Harburg, den südlichen Teil Hamburgs.

Denn als ersten Teil meiner Reise Hamburg zu durchqueren war mir ein Graus, ich wollte möglichst schnell heraus aus der Stadt. Start also um 11:00 ab S-Bahn-Harburg, im Süden Hamburgs, immer an der B75 entlang Richtung Bremen, ab Rotenburg an der B215 bis Verden. In Rotenburg steuerte ich die Kirche und das Pfarrbüro an, in der Hoffnung auf einen Stempel für meinen Pilgerpass. Leider war beides geschlossen, die Pastorin sogar im Urlaub, wie mir jemand vor dem geschlossenen Pfarrbüro mitteilte. Donnerstag, 15:00 Uhr, kann passieren.

In Verden versuchte ich es gleich nach der Ankunft erneut. Immerhin ist dort die Kirche bis 17:00 Uhr geöffnet, aber kein Kirchenstempel und kein Mensch zu sehen. Vor der Kirche kam gerade eine ältere Frau mit ihrem Fahrrad an, in einer Tasche hatte sie diverse Prospekte, deshalb hoffte ich, dass sie irgendetwas mit der Kirche zu tun hätte und wollte sie ansprechen. Aber die nette Frau kam mir zuvor und fragte mich, ob ich nicht wüsste wohin!

Auf mein überraschtes Gesicht und meine gestammelte Erwähnung „Kirchenbüro?" hin erklärte sie mir, wo „der Pastor" wohnt: „Da rechts die Straße und dann links." Und ich fand es tatsächlich, klingelte beim Büro und beim Pastor – und wurde hereingelassen. Der Mann kam mir aus seiner Wohnung im Treppenhaus entgegen, ich erklärte ihm kurz, worum es mir ging, und daraufhin gingen wir in sein Büro und er stempelte meinen Pilgerpass. Zum Abschied wünschte er mir noch alles Gute und „Gottes Segen". Meine Augen wurden (schon wieder!) etwas feucht dabei. Komisch, bei so einem alten Atheisten wie mir. Aber ich freute mich sehr über den zweiten Stempel (der erste ist vom Pilgerbüro in Hamburg). Schnurstracks fuhr ich zur Jugendherberge und bekam dort das letzte freie Zimmer.

Ein Mehrbettzimmer, das ich als Einzelner belegte, 38 Euro mit Frühstück. So richtig preisgünstig sind die Jugendherbergen auch nicht mehr. Nach dem Einchecken fuhr ich mit dem abgepackten Fahrrad noch ins Zentrum, um etwas zu essen. Eine Pizza sollte es sein, leider war diese nicht gut zubereitet – man kann eben nicht alles haben. Ich kam auf gut 100 Km an diesem ersten

Tag und in den Beinen spürte ich das auch. Ist aber ein guter Anfang, dachte ich: Nur noch 29x diese Strecke, dann ist es geschafft!

Radweg an der B75

Drei Pferde in der Fußgängerzone von Verden

Von Verden nach Minden
17.4. - Tag 2

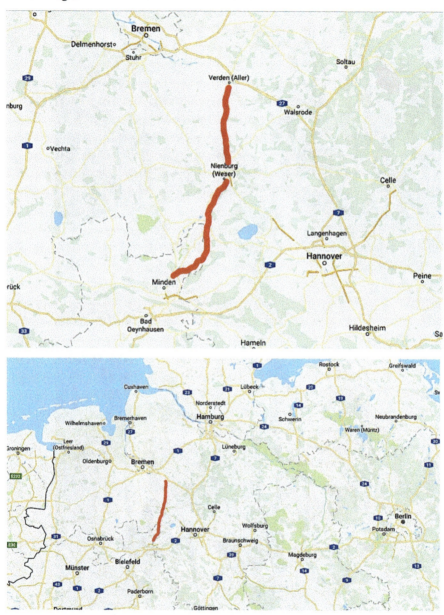

Am 17.4. ging es von Verden nach Minden, von der Entfernung eigentlich gut machbar, aber…ich verfuhr mich zweimal, was zusätzliche Kilometer bedeutete. Nachmittags wurde es windig, natürlich fast immer von vorn. Zum Glück hatte ich mich am Mittag in einem Fischimbiss in Nienburg gestärkt, kam durch die Umwege aber erst gegen 18:00 in Minden an, und das ziemlich erschöpft, leicht frierend und schlecht gelaunt. Kurz vor Minden war ich auch noch in einen heftigen Regenschauer geraten, was eine zusätzliche Erschwernis bedeutete und Nerven kostete.

In Minden checkte ich ohne weitere Suche im Hotel Kronprinz für 62 Euro ein – das erste Hotel, das dem Radwanderer aus Richtung Norden in Minden entgegenkommt. Im Zimmer legte ich mich sofort ins Bett und schlief für eine Stunde ein. Kein Wunder nach diesem Tag mit Wind und Regen und 105 Km.

Später zum Abendbrot gab's noch eine Buttermilch und Sonnenblumenkerne, ich konnte einen Teil meiner Kleidung waschen und trocknen, Wlan gab es auch; eine wirklich gute Erholung in einem schönen Hotelzimmer. Ein Jahr vorher, 2014, hatte ich übrigens schon einmal in diesem Hotel nach einem Zimmer gefragt, damals war es mir zu teuer.

Einen Pilgerstempel zu bekommen, war am späteren Abend schwierig, denn die Kirchenbüros waren schon geschlossen. Und ich war ja auch noch nicht auf dem „offiziellen" Jakobsweg.

Marktplatz in Minden

Von Minden nach Schloß Holte
18.4. - Tag 3

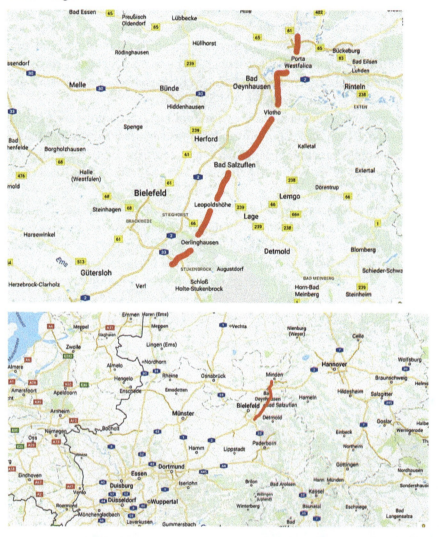

Am 18.4. fuhr ich am Morgen in Minden noch zwei Kirchen an, und siehe da, in der Zweiten bekam ich einen Stempel in meinen schönen Pilgerpass. Danach gleich zum guten Weserradweg, durch die Porta Westfalica und fleißig weiter bis Vlotho geradelt. Dort verließ ich die Weser und fuhr über Bad Salzuflen, Leopoldshöhe und Oerlinghausen bis Schloß Holte, mein Ziel für diesen Tag. Leider war kein Hotel in Sicht, aber sehr zentral

ein Campingplatz. Und so übernachtete ich in Schloss Holte, das die Erwartungen, die der Name weckte, für mich nicht erfüllte, im Zelt. Für 9 Euro inklusive zwei Duschmarken zu je 1 Euro! An diesem Tag kam ich auf 70 Km, mit diversen Bergprüfungen dabei.

Leider regnete es in der Nacht, kein schönes Gefühl trotz wasserdichten Zeltwänden. Duschen und Sanitäreinrichtungen waren schon etwas rustikal, aber sauber und in Ordnung. Mein Zelt war das Einzige auf diesem Campingplatz, außer mir campierten nur noch ein paar Monteure in Wohnwagen dort. Einpacken konnte ich am nächsten Morgen zum Glück unter einem Vordach; im Freien zu packen, nach einem Regen oder womöglich während es regnet, stellte ich mir lieber nicht vor.

Die Porta Westfalica – hier durchbricht die Weser zwei Höhenzüge, die dem Bewohner der norddeutschen Tiefebene einen ersten Eindruck von Hügeln und Bergen vermitteln

Auf dem Campingplatz in Schloß Holte - am Abend noch Sonne, nachts gab's etwas Regen

Von Schloß Holte nach Soest
19.4. - Tag 4

Ostwestfalen, relativ flaches Land, über Verl, Kaunitz, Hövelhof, Ostenland, Delbrück und Lippstadt fuhr ich nach Soest.
In Lippstadt, einer schönen Stadt mit vielen alten Häusern und viel Wasser, konnte ich mir in der Tourismus-Information noch einen Jakobs-Pilger-Stempel abholen, ebenso abends in Soest in einer Kirche. 75 Km, gut zu

schaffen. Manchmal ist eine Aufgabe gar nicht so schwer, wie sie einem zu Beginn erscheint. Verfahren hatte ich mich auch noch einmal, das kann passieren mit einer so groben Deutschland-Karte wie meiner. Damit konnte ich mich eben nicht auf jedes kleine Detail vorbereiten. Hauptsache ist, dass man im Fall des Falles zum richtigen Weg zurückfindet.
Die Jugendherberge in Soest kostete für mein Einzelzimmer 41 Euro. Ein stolzer Preis für eine Jugendherberge, aber die Heizung funktionierte, so konnte ich noch etwas Wäsche waschen und trocknen.
Am nächsten Morgen in der Jugendherberge in Soest traf ich beim Frühstück eine junge Fußpilgerin, die in der Gegend pilgerte. Eine einfache junge Frau, die ihren Pilgerweg nach meinem Gefühl viel mehr brauchte als ich den meinen, denn sie schien mir wirklich gravierende Probleme zu haben.

Blick am nächsten Morgen zurück auf Soest

Von Soest nach Finnentrop
20.4. – Tag 5

Was für ein Tag!
Mit stundenlangem Berganschieben des Fahrrades. Die Route durch das Sauerland, die ich mir zuhause überlegt hatte, ist für Fahrradreisende nicht empfehlenswert. Von der schönen Stadt Soest fuhr ich Richtung Arnsberg, beim Möhne-Stausee verfuhr ich mich bereits einmal. Ich landete auf einem unbefestigten Waldweg! Zum Glück halfen mir zwei ältere Spaziergänger aus dem Wald herauszukommen. Und nach dem Möhnesee ging es reichlich bergan, mit langen Phasen des Schiebens. Aber es kam nach Arnsberg Richtung Sundern noch schlimmer. Schieben stundenlang, immer schön Richtung Gipfel. Vermutlich ist noch kein Fahrradtourist diese Route gefahren, jedenfalls nicht freiwillig. Als es dann vom Gipfel in Serpentinen ins Tal ging, sagte ich zu mir selbst: „Hier kann doch niemand hinauffahren, das ist doch Wahnsinn!" Schon gar nicht mit schwerem Gepäck, das macht man höchstens einmal und dann nie wieder. Beim nächsten Mal (falls das passieren sollte) würde ich mich an Flüssen orientieren, also den Weserradweg weiterfahren, bis zum Fuldaradweg, und dann versuchen, möglichst „hügel- und berglos" an den Main zu kommen.

Über Allendorf ging's dann noch bis Finnentrop, wo ich zufällig(!) ein Hinweisschild für eine Jugendherberge entdeckte. Die Jugendherberge war geschlossen, am Eingang hing aber eine Telefonnummer für Unterkunftsbedürftige. Ich rief an, jemand kam und ich wurde dort aufgenommen – als einziger Gast in dem riesigen Gebäude!

Wie schön, ein Bett zu haben, nach stundenlangem Schieben, schweissbedeckt und mit keuchendem Atem und 80 Km mit vielen Bergprüfungen. Ein Pilgerweg ist kein Zuckerschlecken, jedenfalls war er das nicht an diesem Tag. 21,70 Euro musste ich in der Jugendherberge bezahlen, ohne Frühstück. Am nächsten Morgen bekam ich aber ganz überraschend zwei Brötchen von einer Mitarbeiterin geschenkt – so fing der Tag gut an.

Bergan im Wald

Sauerland

Von Finnentrop nach Betzdorf
21.4. – Tag 6

An diesem Tag ließ ich es etwas ruhiger angehen. 70 Km bei relativ guten Bedingungen von Finnentrop über Attendorn, Olpe, Wenden, Freudenberg nach Betzdorf. Der Radwanderweg von Freudenberg nach Betzdorf war sehr gut zu befahren, neuer Asphalt und immer etwas von der Straße entfernt.
In Betzdorf überlegte ich, im Ort ein Hotel zu suchen oder noch weiter zu fahren. Es war erst 15:30, und ich hätte noch mindestens eine Stunde fahren können.
Aber nach Betzdorf erfolgt ein Anstieg, und ich wollte mich nicht so anstrengen wie am Tag zuvor. Beim dritten Hotel klappte es, für 45 Euro mit Frühstück. Das Zimmer war sehr gut. Kein Pilgerstempel heute, nur geschlossene Kirchen oder solche ohne Stempel. Ganz zufrieden war ich nicht – kein Stempel und „nur" 70 Km! Aber ich musste mir auch mal lockere Tage gönnen ohne unter schlechtem Gewissen oder nicht ganz befriedigtem Ehrgeiz zu leiden.
Gedanken unterwegs: Ein kleiner Angeber bin ich manchmal auch, wenn ich von meinen Reiseplänen erzähle. Manchmal finde ich es auch gut, Eindruck zu machen bei meinen Leuten – aber ist das überhaupt notwendig? Vielleicht geht es auch ohne, ich tue was ich kann, im Rahmen meiner Möglichkeiten, mehr nicht. Dass ich versuche, meine Möglichkeiten zu erweitern, ist klar.

Blick aus meinem Hotelzimmer in Betzdorf

Betzdorf und andere Orte - Straßenverkehr

Was mir in den Orten des bergigen Sauer- und Siegerlandes auffiel, war die Dichte des Autoverkehrs auf den Durchgangsstraßen. Sicher fährt man hier so gut wie gar nicht mit dem Fahrrad, aufgrund der natürlichen bergigen Gegebenheiten, man erledigt alles per Auto.

Mit dem Auto von und zur Arbeit, was verständlich ist; mit dem Auto zum Einkaufen, zum Arzt, zum Eis-Essen – auch mal in den nächsten Ort, man will ja nicht immer das gleiche Eis zu sich nehmen, zum Verwandtenbesuch, die Kinder müssen gefahren werden, in Schnellrestaurants eingepacktes Essen muss nach Haus transportiert werden, Lastwagen müssen Produkte von Herstellungsbetrieben wegfahren oder bringen, Buslinien müssen bedient werden…

Und so ergibt sich aus vielen Vorteilen für Einzelne etwas nicht so Schönes für alle: Ein unaufhörlicher Autoverkehr, der in vielen eigentlich idyllischen Orten das prägende Moment ist. Schade eigentlich.

Den Gipfel des Ganzen bilden dann die Motorradfahrer, die bei schönem Wetter zum Spaß durch die Gegend fahren. Ohne praktischen Grund, nur so zum Spaß. Das kenne ich ebenso aus meiner Heimat, den schleswig-holsteinischen Dörfern in der Umgebung Hamburgs: Bei schönem Frühlingswetter werden an Sonntagen die Geräusche der Motorisierten zur primären landschaftlichen Geräuschkulisse. Kein Vogelgezwitscher und Blätterrauschen, sondern das Dröhnen moderner Benzinverbrennung.

Ich bin für ein Fahrverbot an Sonn- und Feiertagen von 13 – 15 Uhr.

Von Betzdorf nach Koblenz
22.4. – Tag 7

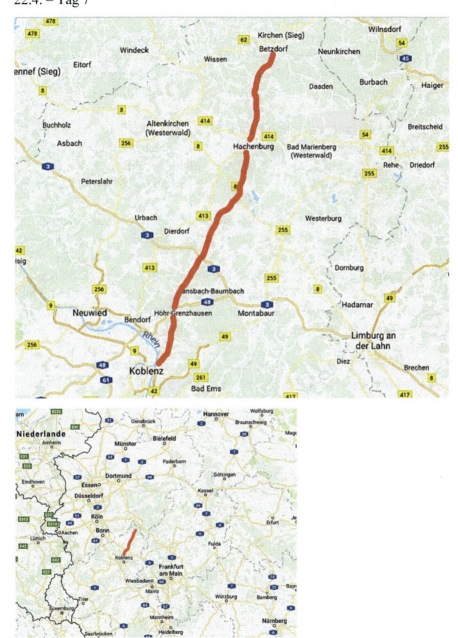

Der Wirt meines Hotels in Betzdorf hatte mir angeboten, mich am Morgen noch ein Stück mit dem Auto zu fahren, da es seiner Meinung nach gleich in und nach Betzdorf ordentlich bergan ginge.

Er war ein alter Maurermeister, schon über siebzig, betrieb aber noch das Hotel und die dazugehörige Gaststätte. Sein Angebot nahm ich an, aufkommendes schlechtes Gewissen verdrängte ich aus Angst vor möglicher Berg-Quälerei. Und so fuhr er mich mit seinem alten Transporter bis Gebhardshain.

Mit den Bergen hatte er recht, es wäre kein guter Anfang für den Tag ohne sein Angebot geworden. Zu dem Zeitpunkt kannte ich die französischen und spanischen Berge auf meinem Weg noch nicht… Und die Kilometer von Betzdorf nach Gebhardshain waren wirklich das einzige Mal, dass ich etwas „schummelte".

In Gebhardshain konnte ich im Gemeindebüro noch einen Stempel für meinen Pilgerpass ergattern, und weiter gings über Hachenburg, Alpenrod, Freilingen, Selters, Mogendorf, Höhr-Grenzhausen, Vallender nach Koblenz. Mit meiner abendlichen Stadtbesichtigung kam ich auf 80 Km.

Koblenz hat sehr viel Historie, die Festung über dem Rhein, das berühmte Deutsche Eck (die Mündung der Mosel in den Rhein), die Kirchen, usw. Eine schöne Stadt, für die ein müder Fahrradpilger aber nur einen etwas eingetrübten Blick hatte.

Meine geplante Übernachtung in der Jugendherberge klappte leider nicht. Als ich mein Fahrrad auf den schön gelegenen Berg am Rhein mit alter Festung und Herberge hinaufgeschoben hatte, stellte sich heraus, dass diese komplett ausgebucht war! Ich bekam aber noch einen Hinweis auf ein günstiges Hotel „Direkt unten am Berg, beim indischen Restaurant… versuchen Sie es dort…".

Ich fand dieses Restaurant mit angeschlossenem Hotel und kam dort tatsächlich unter, für vierzig Euro mit Frühstück. Es war schon etwas rustikal, mit nicht ganz sauberer Bettwäsche; aus der Wand heraushängenden Elektrokabeln; Billigmöbeln wie vom Gebrauchtmöbelmarkt; das im Zimmer vorhandene Waschbecken blubberte, wenn auf weiter oben liegenden Etagen Wasser abgelassen wurde; und die Gerüche der indischen Restaurantküche zogen durch das Treppenhaus bis in mein Zimmer. Dazu die Verkehrs-Geräusche der nahen größeren Straße nachts…

Aber es war günstig, ich war müde und erschöpft, und so blieb ich. Das Hotel und das Restaurant wurden von einer indischen Familie betrieben, sie hatten sicher wenig Geld und mussten viele Familienmitglieder versorgen.

Das Schlimmste aber… war das zweimalige nächtliche Schreien im Haus als ich längst im Bett lag und schon eingeschlafen war. Ein Mann schrie, ein indischer Mann, das war zu hören, als ob er panische Angst hätte – er schrie „wie am Spieß"! Ich versuchte mich zu beruhigen, mir Erklärungen zu überlegen. Schließlich kam ich dahin, dass es vielleicht ein Freudenschrei über einen Erfolg seiner Sportmannschaft hätte sein können, Kricket vielleicht, soll ja in Indien sehr beliebt sein. Langsam beruhigte ich mich wieder. Leider schrie der Mann ungefähr eine Stunde später noch einmal ganz schrecklich. War er vielleicht aus einem furchtbaren Alptraum erwacht?

Ich wusste nicht was ich tun sollte, außer die Zimmertür noch einmal zu kontrollieren und sie mit einem Stuhl zusätzlich zu sichern und mir anschließend die Bettdecke etwas mehr über den Kopf zu ziehen.

Irgendwann schlief ich wieder ein. Am Morgen beim Frühstück schien alles normal. Vermutlich wissen wir zu wenig von traumatisierten indischen Menschen, von ihrer Mentalität, ihrer Geschichte, ihren Problemen, auch oder gerade, wenn sie hier in Deutschland abgeschottet mit ihren Familien leben.

Richtig gut und erholsam hatte ich so natürlich nicht geschlafen. Nach dem Frühstück war ich ein kleines bisschen froh, diesen gastlichen Ort verlassen zu können.

Deutsches Eck – die Mündung der Mosel in den Rhein

Der stolze Reiter Kaiser Wilhelm I

Von Koblenz bis Alf
23.4. – Tag 8

Am Morgen besuchte ich noch die Tourismus–Information in Koblenz und fragte nach den Schwierigkeiten meiner Route direkt durch die Landschaft, u. a. durch den Hunsrück, nach Saarbrücken. Ich hatte geplant, den kürzesten Weg, also Luftlinie, nach Saarbrücken zu nehmen. Nach meinen Bergerfahrungen im Sauerland und im Siegerland ahnte ich aber etwas von den Bergen und Hügeln dieses Gebietes und war gespannt auf einen guten Rat. Mir wurde empfohlen, den Mosel-Radweg zu fahren, damit wurde meine eigene Ahnung bestätigt. Man sollte seine Pläne auch einmal ändern, wenn man neue Erkenntnisse hat.

Meine ursprünglich geplante Route des direkten Weges hätte diverse Steigungen beinhaltet, an der Mosel fuhr ich so gut wie nur ebene Wege! So nahm ich also den Moselradweg, direkt am Flussufer, und es fuhr sich wunderbar, ich kam viel schneller und angenehmer voran. Schließlich hatte ich noch einen weiten Weg vor mir – ich wollte zum Grab des Heiligen Jakobus in Santiago de Compostela!

Am 8. Tag meiner Reise fuhr ich die wirklich schöne Mosel entlang auf dem guten Mosel-Radweg bis zum Örtchen Alf. Hier kam ich nach 90 Km für 40 Euro in einer guten Pension unter. Zu dieser von einem italienischen Ehepaar geführten Pension gehörte eine Pizzeria, was ein gutes Abendessen in Form einer Pizza bedeutete. Für den nächsten Tag nahm ich mir vor bis nach Trier zu fahren.

Ein asphaltierter ebener Radweg – da kommt man gut voran

Schöner Blick an der Mosel

Da steckt sicher viel Arbeit drin – in solchen steilen Weinbergen

Begegnung an der Mosel

Von Alf nach Trier
24.4. – Tag 9

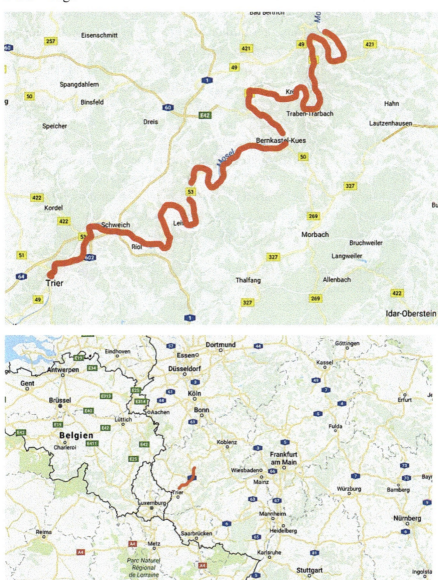

Es sagt sich so leicht: „Morgen fahre ich nach Trier!", wenn man im Örtchen Alf in einer Pension im Bett liegt und vor dem Einschlafen noch einmal die Straßenkarte betrachtet. Denn es sollten 120 Km werden. In der Nähe von

Alf sah ich ein Straßenschild mit einer Entfernungsangabe von 90 Km bis Trier gesehen. Das galt aber einer Autostraße, die nicht genau der Mosel folgte; der gute Moselradweg folgt ja jeder Biegung des Flusses. Und so jagte, raste, radelte, trödelte ich immer fröhlich voran durch Zell, Traben-Tarbach, Bernkastel-Kues, Schweich gen Trier.

Die Landschaft an der Mosel mit den vielen kleinen Orten und den vielen Weinhängen ist sehr schön und touristisch voll erschlossen.

Die Jugendherberge in Trier war ausgebucht, ich fand mit Hilfe der Tourismus-Zentrale ein günstiges Hotel für 44 Euro pro Nacht. In der Summe 88 Euro, denn ich blieb zwei Nächte in Trier, legte noch einen Ruhetag ein. Erstens weil ich mich nicht überfordern wollte und meinte, nach den 120 Km des Tages etwas Ruhe zu brauchen. Zweitens weil ich mit meinem Fahrrad in eine Werkstatt musste. Meine hydraulische Hinterradbremse hatte Öl verloren und bremste kaum noch. Und ohne gute Bremse zu fahren, war mir zu heikel, ich hatte ja auch noch einen sehr weiten Weg vor mir.

Nach meiner Ankunft spazierte ich am Abend noch sehr müde in das Zentrum und schaffte es tatsächlich, im imposanten Dom von einem freundlichen jungen Pfarrer einen Stempel für meinen Pilgerpass zu bekommen. Danach reichte mir dieser Tag, mein Geburtstag übrigens, und ich verkroch mich rechtzeitig im Hotelbett. Die abendlichen netten Geburtstagsanrufe konnten an meiner Erschöpfung leider nichts ändern.

Angekommen in Trier – vor der Porta Nigra

Blick in den Dom

Blick von außen

Ruhetag in Trier
25.4. – Tag 10

Am Morgen brach ich recht früh auf und fuhr direkt zur Fahrradwerkstatt, die ich vorher per Internet erkundet hatte. Sie halfen mir sofort, ohne Wartezeit für mich, die hintere Hydraulikbremse wurde entlüftet und wieder aufgefüllt, ein guter Service bei Fahrrad Heidemann in der Saarstraße.
Später ging ich zu Fuß noch in das Zentrum, schaute im Dom einem katholischen Gottesdienst zu. Der Dom war gut gefüllt, es roch nach Weihrauch. Die Choreografie eines solchen Gottesdienstes verstand ich nicht so ganz, die vielen Weißgewandeten, jemand auch in Rot, ein Chor im Hintergrund, das schöne kunstvolle Gebäude – das machte schon Eindruck. Ein Pfarrer bekam ein paarmal ein weißes Tuch gereicht, mit dem er sich die Hände abwischte. Etwas fremd war mir das alles schon, gleichzeitig war ich auch fasziniert.
Und dann fanden auch gerade die „Heilig-Rock-Tage" statt. Ich dachte zunächst in meiner heidnischen Naivität, dass es dabei um christliche Rockmusik gehen würde! Natürlich weit gefehlt: Es geht um eine Reliquie, die hier sehr bekannt ist und in einem verschlossenem Raum in einem Behälter aufbewahrt wird. Und an diesem Behälter dürfen die Menschen während der Heilig-Rock-Tage vorbeigehen.
Aus mir wird wohl nie ein guter Katholik.
Ich besuchte danach noch das Karl-Marx-Museum. Die meisten der wenigen Besucher dort waren Touristen aus China, die sich an der zweisprachigen Beschriftung der ausgestellten Objekte in Deutsch und Chinesisch erfreuten. Hunderte, wenn nicht sogar weit über tausend Menschen im Dom, zwei Hände voll bei Karl Marx – zahlenmäßig scheint in Trier die christliche Religion weitaus erfolgreicher als der Marxismus zu sein. Ich fragte mich: Ob das vielleicht auch an dem Reichtum, an dem gediegenem religiösem Luxus liegt, der im schönen, eindrucksvollen Dom zur Schau gestellt wird?

Der gute alte Karl Marx in seinem Museum

Von Trier nach Saarbrücken
26.4. – Tag 11

Noch ein Stückchen moselaufwärts bis Konz, dort mündet die Saar in die Mosel, weiter die Saar entlang bis Saarbrücken. Den Fahrradweg an der Saar fand ich noch schöner als den Moselradweg. Es sah alles noch natürlicher aus, und die Orte sind nicht so touristisch ausgebaut.

An der Mosel gibt es in jedem Ort zahlreiche Hotels, Restaurants, Gästezimmer, Ferienwohnungen, Cafe's, etc. Für Fahrradtouristen schon ein attraktives Feriengebiet, besonders für ältere Leute, die auf ebenen Wegen gemächlich radeln wollen.

Die Saar wird kurz vor Saarbrücken allerdings einem Industriekanal ähnlich und verliert ihren natürlichen Charme. In Saarbrücken kam ich mit Hilfe der Tourismus-Zentrale in der Jugendherberge in einem Einzelzimmer unter, für 34,50 Euro. Nach 120 Km war ich froh gut untergekommen zu sein. Gibt es in Saarbrücken etwas Besonderes? Bestimmt, ich war aber zu erschöpft, um mich intensiver umzusehen. Mir fiel so nur der dichte Autoverkehr und der Abgasgeruch in der Luft auf. Die beiden Kirchen samt Büros, die ich wegen eines Stempels für meinen Pilgerpass anfuhr, waren geschlossen. Das reichte mir an Saarbrücken für den Abend.

Blick über die Saar

Mein Weg im Frühjahr 2015 in Frankreich – 820 Km

Weiter ging es gen France, die Grenze überfuhr ich kurz hinter Saarbrücken. In Frankreich fuhr ich mit Hilfe meines Reiseführers „Radwandern entlang des Jakobsweges" bis nach Le Puy en Velay. Dort begann die „Via Podensis", einer der alten Jakobswege, den ich ein Jahr später befuhr bzw. in dessen Nähe ich 2016 fuhr. Mein Reiseführer hatte eine Route von Saarbrücken bis nach Le Puy vorgeschlagen, an die ich mich meistens hielt. Ein „offizieller" Jakobsweg war dies meines Wissens aber nicht.

Von Saarbrücken nach Dieuze
27.4. - Tag 12

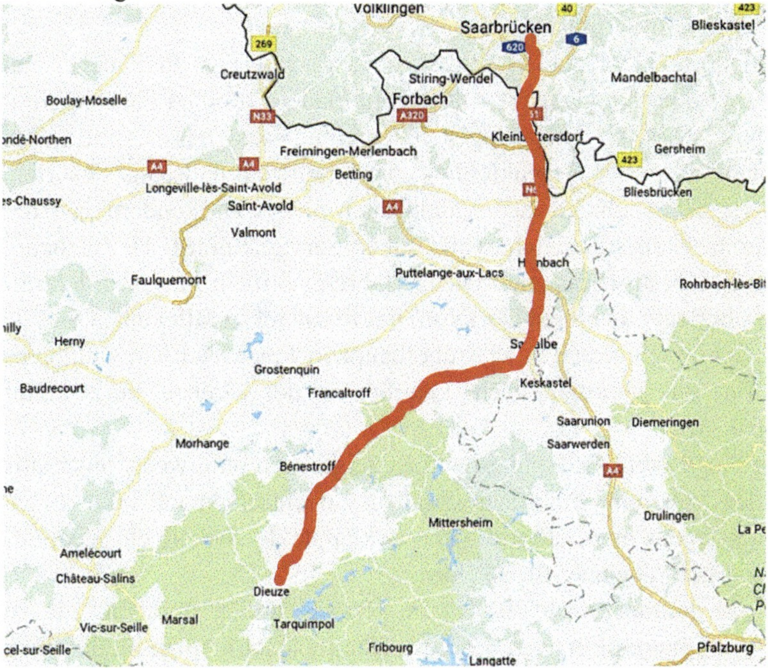

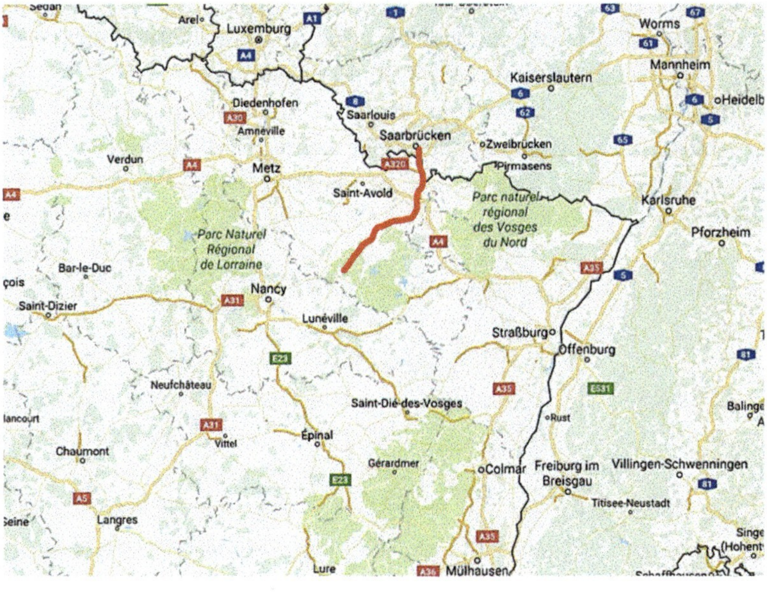

Am Morgen in Saarbrücken startete ich im leichten Nieselregen, besorgte mir in einem Kirchenbüro noch einen Stempel – und auf ging es Richtung Frankreich, Richtung Epinal.

Der Regen hörte nicht auf, es regnete den ganzen Tag, mal mehr, mal weniger, hörte aber nie ganz auf. Das ist auf Dauer für einen Fahrradfahrer wirklich hart, alles an der getragenen Kleidung wird nass: Außen vom Regen; Innen, unter der Regenkleidung, vom Schweiß und eingesickertem Regenwasser. Zum Glück war es nicht auch noch kalt, sondern von der Temperatur her erträglich. Ich wollte über Sarreguemines, Herbitzheim, Sarrable und Albestroff bis nach Dieuze fahren, so mein Plan, den ich mir unterwegs überlegte. In einem Dorf vor Dieuze sah ich zufällig ein „Gîtes de France" - Schild. Zum ersten Mal überhaupt in Frankreich ein sichtbares Angebot für ein Quartier nach Überfahren der Grenze kurz hinter Saarbrücken.

Auch kein Hotel, kein Bed-and-Breakfast zeigte sich unterwegs, jedenfalls nicht an den von mir gefahrenen Straßen. So entschied ich mich es zu versuchen, klingelte an der Pforte – und es klappte. Ich bekam ein separates Chambre mit petit déjeuner für 38 Euro.

Ich war froh darüber, nach 70 Km im Regen endlich ins Trockene zu kommen. Dem älteren Ehepaar, das gesundheitlich stark eingeschränkt war und vermutlich nur sehr selten Gäste bewirtete, war ich sehr dankbar dafür, dass sie mich aufnahmen. Bei schönem Wetter ist das Pilgern ebenso wie vieles andere sehr viel leichter als bei pausenlosem Regen.

Mein abendliches Essen bestand nur aus den Sonnenblumenkernen aus meinem Notvorrat, das störte mich aber nicht weiter. Viel wichtiger war für mich, dass ich meine nassen Sachen trocknen konnte.

Meine erste Unterkunft in Frankreich kurz vor Dieuze

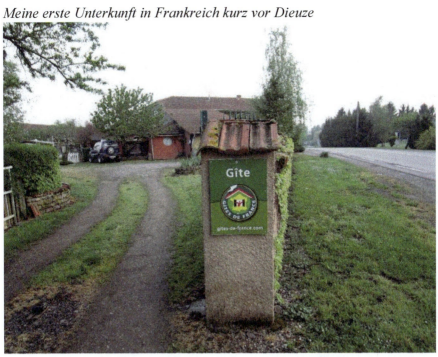

Von Dieuze nach Epinal
28.4. - Tag 13

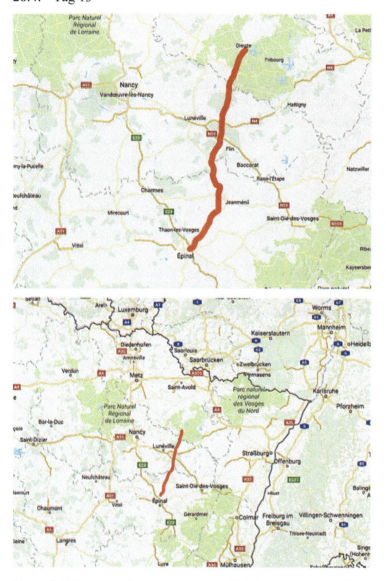

Um acht Uhr war ich bereits zum petit déjeuner angemeldet, um neun Uhr startete ich bereits wieder Das gute Frühstück, das mir die nette Vermieterin in einem separaten Frühstücksraum anbot, ging mit viel Käse, Konfitüre und gutem Brot weit über ein übliches französisches petit déjeuner, das „nur" aus Kaffee und Croissants besteht, hinaus.

Ich bedankte mich zum Abschied ausgiebig für die gute Unterkunft ausgiebig. Die beiden Alten waren wirklich nett. Auch wenn wir uns aufgrund meiner nur rudimentären Französisch-Kenntnisse nicht richtig unterhalten konnten, „verstanden" wir uns.

Es regnete nicht mehr, es war kühl und klar, also das richtige Wetter für meine Weiterfahrt.

Über Dieuze gings durch viele kleinere Dörfer; durch Avricourt, Autrepierre, Domevre, Baccarat, Rambervillers nach Epinal.

Laut Buch, meinem Reiseführer „Radwandern entlang des Jakobsweges", sollte es durch „leicht hügeliges" Gelände gehen. Aber was ist „leicht hügelig"? Oder was ist „schwer hügelig"? Für mich als Bewohner der norddeutschen Tiefebene waren die Hügel, jedenfalls einige, schon kleine Berge, die ich nicht per Pedaltreten überwand, sondern die ich per Pedes hinaufschob. Die Schwierigkeiten, die ich zu überwinden hatte, sind also vielleicht für andere gar keine. Oder wiederum für noch andere unüberwindlich.

Das letzte Stück auf der D46 (die Straßen in Frankreich sind numeriert) von Rambersvillers nach Epinal war recht hart, da es sich um eine vielbefahrene Straße handelt. Viele Lastwagen dabei, und kein Streifen am Rand für den Fahrradfahrer. Einige LKW-Fahrer waren sehr rücksichtsvoll und warteten bei Gegenverkehr hinter mir mit dem Überholen. Aber nicht alle.

Einmal zog ein riesengroßer LKW so dicht und schnell an mir vorbei, dass ich vom Luftschwall von der Straße herunter ins Gras gedrückt wurde. Kein schönes Erlebnis, das mich etwas schockierte. Gut, dass ich einen Schutzengel hatte. Übrigens immer noch habe.

In den Dörfern und kleinen Städten hier in Nordost-Frankreich stehen viele Häuser leer bzw. werden zum Verkauf angeboten. Vermutlich gibt es für viele junge Leute keine Arbeitsperspektive und so ziehen sie weg. So viele Angebote sieht man bei uns in Norddeutschland nicht.

Bis Epinal kamen mal wieder 100 Km zusammen, ich fand hier mit Hilfe der Tourismuszentrale ein einfaches Hotel für 47 Euro. Epinal liegt an der Mosel, la Moselle; vielleicht wäre die Fahrt direkt am Fluss entlang von Konz bis hier auch interessant gewesen. Vielleicht aber auch nicht, denn die schöne La Moselle macht auch ganz schöne Schleifen, die den Weg recht gut verlängern.

Immer geradeaus – kilometerlang schnurgerade Straßen

La Moselle in Epinal

Schöne Steine an einem schönen (Kirchen-) Portal in Epinal

Von Epinal nach Bourbonne-les-Bains
29.4. – Tag 14

Entgegen der vorgeschlagenem Route in meinem Reiseführer fuhr ich nicht über Landstraßen direkt nach Darney, sondern nahm den Radweg am Canal de l'Est, der in Epinal in südwestlicher Richtung von der Mosel abgeht. Ich wusste zwar nicht, wo dieser Weg am Kanal mich hinführen würde, war auch eher zufällig darauf gekommen, aber die Himmelsrichtung schien zu stimmen. Dieser Weg am Kanal war sehr gut zu fahren: Eben, asphaltiert, und er führt durch schöne Natur. Die Bäume zeigten das erste Grün, die Vögel zwitscherten, die Sonne schien - was wollte ich mehr! Irgendwann war der gut und neu asphaltierte Weg am Kanal leider zu Ende, d.h. er endete in einer Baustelle. Ich folgte anschließend den Schildern einer Vélo - Route über kleine Straßen durch viele Dörfer bis Bourbonne-les-Bains. 100 Km kamen wieder zusammen, in der Stadt fand ich mit Hilfe der Tourismus-Zentrale ein Zimmer für 40 Euro plus 5,70 fürs Frühstück. Die Tourismus-Zentralen in den französischen Städten sind wirklich eine große Hilfe bei der Suche nach Unterkünften.

In den kleinen Orten sah ich wieder viele Häuser leer, verfallen zum Teil. Manchmal sehr alte Häuser aus dem Mittelalter, wie man an den Steinen sehen konnte. Schade.

Selbst am Kanal stehen viele alte Schleusenwärter-Häuschen leer, da der Schleusenbetrieb automatisiert ist. Einige sind bewohnt, die Menschen leben dort sehr schön in Ruhe in der Natur.

In den Dörfern scheinen vorrangig Rentner zu wohnen. Ich stelle mir ein Rentnerleben in einem Dorf in einem Haus mit Grundstück recht schön vor. Man kann Gemüse anbauen, Holz für einen Ofen besorgen, sich Tiere halten – man hat immer etwas zu tun. Und wenn man eine Frau hat, mit der man auskommt und die einem ab und zu ein Essen kocht - was will man mehr? Ein schöner Traum…

Die Landschaft war manchmal sehr schön – grüne bewaldete Hügel, einzelne Bauernhöfe, seit Jahrhunderten, vielleicht seit Jahrtausenden, kultiviertes Land, in den Tälern sonnenglitzernde Bäche. Wieder kam mir der Gedanke: Die Erde ist das Paradies. Wir leben im Paradies hier und jetzt, es gibt kein anderes.

Unterwegs fiel mir an diesem Tag noch mein ein Jahr zuvor während einer Fahrradtour bis Montpellier selbstgedichtetes Lied ein, das ich wieder einmal für mich sang:

Unterwegs nach Süden
zu dem schönen blauen Meer
Tage Wochen auf der Straße
das ist wirklich hart

Unterwegs nach Süden
Kilometer Kilometer
jeden Tag ein Stückchen mehr
mit dem Fahrrad in den Süden
harte Arbeit jeden Tag

Unterwegs nach Süden
dorthin wo die Sonne lockt
jeden Tag allein
mit Gedanken an die Lieben
mit Gedanken an Zuhaus'

Unterwegs nach Süden
mit Erinnerungen im Kopf
tret' ich in die Pedale
bis ich nicht mehr kann

Unterwegs nach Süden
auf schönen Wegen
harten Straßen
bergan bergab und geradeaus
irgendwann komm ich an

Schöner Radweg am Kanal – und meine Mütze ist wohl nicht wirklich chic

Nicht mehr bewohntes altes Haus in einem Dorf

Rentner und Hobbyschäfer (bot mir die elektrische Schere an – das wollte ich dem Schaf aber nicht zumuten)

Von Bourbonne-les-Bains nach Champlitte
30.5. – Tag 15

Schlecht geschlafen im Hotel in Bourbonne-les-Bains. Woran lag es? Ich hatte keine Ahnung, ob ich nicht genug auf meine Ernährung geachtet hatte, im Zimmer nachts zu viele Nebengeräusche vorhanden waren oder ich schon etwas überanstrengt war. Auf jeden Fall beginnt jeder Tag besser nach einem guten Schlaf.
Und dann gleich nach dem Start ein Anstieg. Nach der ersten halben Stunde „hügelan" war ich bereits schweißgebadet. Leider wurde der Anstieg in meinem Reiseführer nicht erwähnt.
In meinem angestrengten erhitzten und auch etwas wütenden Zustand stellte ich mir die Frage, ob der Autor meines Reiseführers hier wirklich gefahren ist oder nur im Internet recherchiert hat. Oder war der Autor etwa so durchtrainiert und jung, dass er diese „Hügel" mal eben so überfahren hatte? Ich war schließlich bereits 63 und keineswegs besonders sportlich. Ich fuhr genervt ohne volle Kraft, um mich zu schonen, und ich entschied mich, nicht nach Radreisebuch Dijon in einem Bogen weit nordwestlich zu umfahren, sondern direkt auf Dijon zuzufahren. In meinem Buch war in dem Zusammenhang von einem „Hochplateau" die Rede, was bei mir nicht die geringste Begeisterung auslöste. Bis auf 50 Km schaffte ich es in Richtung Dijon. In Champlitte sah ich einen Wegweiser mit „Dijon 53 Km" und

spontan dachte ich: Das schaffst du heute nicht mehr. Und so blieb ich nach 60 Km auf dem kommunalen Campingplatz in Champlitte, für 6,50 Euro Gebühr. Meine Route an diesem Tag: Bourbonne-les-Bains – Chézeaus – Fayl-Billot – Champlitte. Die kommunalen Campingplätze sind in Frankreich eine sehr gute preisgünstige Unterkunftsmöglichkeit, die nach meiner Erfahrung immer gut instand und sauber gehalten werden.

Ich hatte ja mein kleines Ein-Personen-Zelt dabei und konnte mir eine Stelle auf dem Campingplatz aussuchen – denn ich war der einzige Gast! Allerdings habe ich auf französischen Campingplätzen auch nie andere Gäste mit einem Zelt gesehen, wenn es andere Gäste gab, waren es Wohnmobilisten.

Wand einer renovierungsbedürftigen Kirche in einem Dorf - daran hätte ich gern gearbeitet

Schöne alte Kulturlandschaft

Von Champlitte und nach Dijon
30.4. abends (noch Tag 15), 1.5. und 2.5. - Tag 16 + 17

Abends tröpfelte es schon etwas von oben, im Ort hatte ich noch ein Museum besucht und auf dem Rückweg schon ein paar Tropfen und Befürchtungen meinerseits genossen.
Nachts regnete es ununterbrochen, das Geräusch der Regentropfen auf meiner Zeltplane ließ mich nur schwer einschlafen. Trotzdem entspannte ich mich gut und schlief auch irgendwann ein. Mein Zelt ist wasserdicht, ich lag schön trocken und warm in meinem Schlafsack.

Mein kleines Zelt am Morgen nach der durchregneten Nacht

Leider hörte es am Morgen und am Vormittag nicht auf zu regnen. Es regnete wirklich ununterbrochen und sollte, wie die beiden Campingplatz-Verwalter mir mitteilten, den ganzen Tag so bleiben. So war es auch.
Nicht nur Berge sind die Feinde des Fahrradreisenden, sondern auch stunden- und tagelanger Regen. Was sollte ich tun? Ich muss ziemlich „bedröppelt" ausgesehen haben, aber nicht lange, denn die beiden Campingplatz-Herren boten mir für meinen Tagesaufenthalt und die nächste

Nacht einen unbewohnten, aber voll eingerichteten Wohnwagen als Unterkunft an.
Und sie wollten kein Geld dafür! Das Angebot nahm ich gern an. Dass sie kein Entgelt für einen Tag und eine Nacht im Caravan wollten, verunsicherte mich zuerst etwas. Ich verstand das nicht, entschloss mich irgendwann aber, das einfach so zu akzeptieren und nicht weiter darüber nachzudenken.
Die beiden leben zusammen in einem Mobilheim, managen und betreiben den Platz - und sind sehr freundliche Menschen. Unsere Kommunikation war nur rudimentär, sie konnten weder Englisch noch Deutsch, ich nur wenige Worte Französisch, trotzdem konnten wir das Wichtigste miteinander verstehen.
Nette Menschen. Den Campingplatz haben sie gut gestaltet, alles ist sehr sauber, allerdings bin ich ja auch der einzige Gast. Weitere Gäste kamen aber zum Essen in ihr kleines Restaurant, das sie auch noch betreiben. Einer der beiden kochte, und zwar ziemlich gut, wie ich am Abend feststellte, der andere bediente die Gäste.
Freundlichkeit und Nettigkeit muss man auch annehmen können und nicht gleich mit Misstrauen begegnen. Vertrauen…einfach zunächst Menschen vertrauen und an ihre guten Absichten glauben. Das müssen manche Menschen manchmal noch lernen oder etwas verbessern, auch noch spät im Leben, so wie ich mit über 60 Jahren.
Und es regnete und regnete den ganzen Tag. Und am nächsten Tag sollte es vielleicht weiter regnen.
Eine harte Prüfung…

Das Geräusch der Regentropfen auf dem Caravandach hörte einfach nicht auf, den ganzen Tag regnete es, mal mehr mal weniger. Mein Zelt hatte ich im Regen abgebaut und im Waschraum zum Trocknen aufgehängt, mein ganzes Gepäck lagerte mit mir im Caravan.
Ich verbrachte den Tag in meinem Schlafsack, ausgerechnet den Tag der Arbeit. Las mein für solche Fälle mitgebrachtes Buch, abends nahm ich im Restaurant noch einen leckeren Salat und ein Bier zu mir.
Irgendwann in der Nacht hörte der Regen endlich auf und ich konnte schließlich einschlafen.
Am Morgen hing der Himmel immer noch voller Wolken, aber es hatte aufgehört – kein Wasser mehr von oben!

Ich packte recht früh alles zusammen, bedankte mich bei meinen Gastgebern und fuhr über Fontaine-Francasein nach Dijon, wo ich bereits um 13 Uhr nach 60 Km eintraf und mir über die Tourismus-Information ein Hotelzimmer besorgte, für 57 Euro im schönen alten Teil von Dijon.

In Dijon (1)
Weiter den 2.5. – Tag 17

Eine sehr schöne Stadt, mit vielen imposanten Großbauten und viel alter Bausubstanz. Und ich bekam in zwei (!) Kirchen beim nachmittäglichen Spaziergang jeweils einen Stempel. „Je voudrais une timbre pour mon pass de pelegrin, s. v. p.". Soweit mein Französisch.

Am nächsten Morgen regnete es wieder und ich hatte keine Lust, das Hotel zu verlassen und wieder im Regen zu fahren.

Mein Entschluss, eine zweite Nacht in diesem Hotel zu bleiben (also deux nuits) stand schnell fest. Das war schon etwas anderes als ein Campingplatz: eine funktionierende Heizung im Zimmer, ein eigenes Badezimmer, ein gutes Frühstück (kein petit déjeuner, sondern ein Buffet), Internet! Das weiß man zu schätzen, wenn man die Nächte davor im Ein-Personen-Zelt bzw. in einem ungeheizten Caravan verbracht hat.

Ich konnte einige Kleidungsstücke waschen und trocknen, mich ausruhen und erholen – so lässt sich gut pilgern. Oder vielleicht schon zu gut? Denn auf dem Vélo auf den Straßen sieht die Welt wieder anders aus.

In Dijon sind viele Touristen unterwegs, auch Deutsche. Es lohnt sich auch, diese schöne geschichtsträchtige Stadt zu besuchen.

Ansicht in Dijon

Mein Hotel

Sieht so ein Pilger aus?

In Dijon (2)
3.5. – Tag 18

Die Restaurant-Öffnungszeiten in Frankreich sind etwas gewöhnungsbedürftig, denn am Nachmittag ist geschlossen. Die Zeiten der Nahrungsaufnahme in Frankreich unterscheiden sich doch sehr von denen in Deutschland, wie hier sowieso der Stellenwert des Essens höher bzw. anders zu sein scheint. Trotzdem oder deswegen sieht man so gut wie gar keine übergewichtigen Menschen. Andere Länder…
Zum Glück gibt es auch hier asiatische Schnellrestaurants, die sich nicht an die sonst üblichen Zeiten halten.
Vormittags machte ich einen längeren Spaziergang durch die Stadt, zuerst suchte ich die Kirche Notre Dame auf, die ganz in der Nähe lag und nahm dort am Gottesdienst teil. D. h., als ich die Kirche betrat, fand gerade der sonntägliche Gottesdienst statt, ich setzte mich auf einen Stuhl und hörte und sah zu.
Ein Priester sprach gerade lebhaft, was ich (wieder) nicht verstand, danach erklang schöne Orgelmusik und es wurden Lieder gesungen. Die Orgel war nicht zu laut, sondern klang im Vergleich zur Orgelmusik, die ich gerade in deutschen Kirchen gehört hatte, angenehm gedämpft. Dann wurde ein Kind getauft, in einer schönen Zeremonie. Der Priester zündete eine lange dünne Kerze an und Eltern und Großeltern umfassten diese Kerze mit jeweils einer Hand während der Priester (sicher ernste und wichtige) Worte zu dem Kind sprach.
Mir fiel dabei ein: Wie begrüßen wir Atheisten eigentlich unsere neugeborenen Kinder, mit welchem Ritual? Ein Ritual zur Begrüßung eines Neugeborenen in der Familie, bei dem ernste, wichtige, „heilige" Worte gesprochen werden, scheint mir durchaus angebracht zu sein. Was ist also unser Ritual? Das scheint mir ein wunder Punkt bei uns zu sein.
Nach der Taufe spendete die Gemeinde Beifall. Zum Schluss der Veranstaltung forderte der Priester die Gemeinde-Mitglieder auf, sich den Sitznachbarn zuzuwenden und ihnen alles Gute zu wünschen. Ein älterer Franzose neben mir wandte sich mir zu und schüttelte mir die Hand, das war sehr angenehm, das so mitzuerleben.
Anschließend wurden noch Oblaten verteilt, woran ich mich nicht beteiligte, und damit war dieser französische katholische Gottesdienst beendet.
Es bleibt die Frage, wie gestalten wir Atheisten unsere spirituellen, sozialen und familiären Angelegenheiten, die über den Alltag hinausgehen?

Wie sehen unsere Rituale aus? Oder: Wo ist das Buch „Religion für Ungläubige"? Die Kirche hat jedenfalls jahrhundertelange Erfahrung und Kompetenz in diesen Fragen, und mir war das von mir miterlebte kirchliche Ritual der Taufe schon sehr sympathisch.

Französische Mode in Dijon. Eine sehr chic gekleidete Frau hatte in dieser Boutique ein Kleid anprobiert und zeigte sich damit ihrem Mann auf der Straße im Sonnenlicht vor diesem Laden.

Von Dijon nach Buxy
4.5. – Tag 19

Abschied von Dijon, dem schönen Hotel, in dem ich mich so gut aufgehoben fühlte – aber es kostete auch etwas, dieses schöne Hotel, und ich musste ja weiter, schließlich wollte ich zum Grab des Heiligen Jakobus nach Santiago! An der D974 durch die Bourgogne, das bekannte Weinanbaugebiet, nach Beaune, einer Stadt mit einem sehr schönen historischen Zentrum, für das ich zu wenig Zeit hatte, aber dort einen Stempel für meinen Pilgerpass bekam, an Nolay und Chagny vorbei und über Givry nach Buxy. 100 Km, kein Problem, ebenes Gelände, und ich war ja durch den Ruhetag in Dijon gut erholt. In Buxy fand ich mit Hilfe der örtlichen Tourismus-Zentrale (die gibt es in Frankreich in fast jedem etwas größeren Ort und sie sind für den Reisenden sehr nützlich) ein Bed-and-Breakfast für 55 Euro. Das sah sehr exklusiv aus – und ich war der einzige Gast, mal wieder. Allein schon die luxuriösen Armaturen im Bad, und dazu die roten Stofftapeten über dem Bett - einiges schien mir in dieser Unterkunft recht merkwürdig. Aber vielleicht bin ich ja auch nur merkwürdig. Ich fand den Preis für die Qualität der Unterkunft relativ niedrig, beschwerte mich aber nicht darüber. Das gute Frühstück am nächsten Morgen wurde mir (allein als einzigem Gast) in einem riesigen Saal von der Besitzerin serviert…

Das Weinanbaugebiet Bourgogne ist schon schön, irgendwo an einem Weingut stand auf einem Schild, dass dort seit 1827 Wein angebaut wird. Und man sieht sehr viele alte Herrenhäuser, der Weinanbau war früher sicher lukrativer als heute.

Unterwegs sah ich einmal ein Hinweis-Schild auf einen Campingplatz, habe diesen aber nicht gefunden. Leider stand auf dem Schild keine Kilometerangabe, ich folgte der kleinen Straße ein Stück, sah aber nach einigen Kilometern immer noch keinen Campingplatz und gab auf. Schade.

Die Pause in Dijon war gut – Pausen sind bei regelmäßiger Tätigkeit schon notwendig, besonders wenn die regelmäßige Tätigkeit aus stundenlangem Fahrradfahren besteht.

Buxy ist ein kleines typisches französisches Städtchen, das mir sehr gut gefiel. Viele kleine Geschäfte, mindestens zwei gute Boulangeries, zum Teil sehr alte Häuser, ein Restaurant mit großer Terrasse im Zentrum, sehr idyllisch alles. Hier würde ich gern einmal leben – für ein halbes Jahr.

Gedanken unterwegs: Ob mein Großvater während seiner Zeit als Soldat in Saint-Nazaire und in seiner Gefangenschaft ein bisschen Französisch gelernt hat? Ob er vielleicht Franzosen mit „Bonjour" gegrüßt hat?

Schade, dass ich das nie erfahren werde.

Bourgogne

Die Bourgogne – Weinanbau mit vielen schönen Chateaus

Katzen auf alten Mauern in Buxy

Idyllisches Buxy

Von Buxy nach Matour
5.5. – Tag 20

Nach dem exklusiven Frühstück (sogar mit extra für mich gebackenen Pfannkuchen!) im exklusiven Frühstücks-Saal mit ca. 5 m hoher Decke im exklusiven Bed-and-Breakfast und Satteln des Drahtesels fuhr ich als Erstes zur Eglise, zündete noch eine Kerze an. Danach ging es auf der D981 nach

Süden, Richtung Cluny, und weiter auf der „Voie Verte", der bekannten Fahrradroute, die in dieser Gegend als asphaltierter Radweg auf einem ehemaligen Bahndamm verläuft. Das hieß mal wieder ziemlich eben fahren, ohne Berge, und machte einfach Spaß!

Vor Cluny liegt Taizé, der berühmte Ort auf einem kleinen Berg, und ich besuchte die Gemeinschaft (die Communauté de Taizé). In der Anmeldung bekam ich einen Tee, einen Stempel in meinen schönen Pilgerpass, und ich wurde zur mittäglichen Andacht eingeladen, was ich gern annahm.

Ich hatte es mir feierlicher, noch spiritueller vorgestellt, trotzdem war es eine gute Erfahrung.

Singen, Stille, Kerzenlicht, schöne Worte…

Und primär Jugendliche aus aller Herren Länder dabei. Taizé ist für junge Leute und auch Erwachsene mit festem Glauben sicher eine gute Sache, mich hat „der Spirit" nicht so gepackt. Aber ich muss ja auch nicht bei jeder „guten Sache" dabei sein, auch wenn ich selber nichts Besseres weiß. Die gelebte Gemeinschaft mit so vielen unterschiedlichen jungen Menschen ist mir schon sympathisch, ich selbst fühle mich zu alt für solche Gemeinschaften. Zu alt? Na ja…Die Wahrheit ist wohl eher, dass es mir in Gemeinschaften oft zu anstrengend ist.

In Cluny machte ich eine kurze Pause, die für einen Salat in einem Restaurant reichte, aber nicht mehr für eine weitergehende Stadtbesichtigung; über Jalogny, Vaux, St. Cecile, Clermain fuhr ich bis Matour, wo ich nach 65 Km für 8 Euro auf dem Campingplatz eincheckte. Von Cluny bis Matour wurde es schon recht „hügelig", und am nächsten Tag sollte es laut Buch noch hügeliger werden.

Auf dem Campingplatz war mein Zelt wie üblich das Einzige, nur ein Wohnmobil, dessen Bewohner ich nicht zu Gesicht bekam, stand noch am anderen Ende.

Die Nacht im Zelt war nicht so gut, ich konnte nicht einschlafen, war sehr unruhig. Ich spürte ein Druckgefühl in der Brust, verbunden mit Herzklopfen, was mir Angst machte, meine nächtliche Phantasie stark anregte und mich lange am Einschlafen hinderte.

Irgendwann am Morgen döste oder schlief ich doch noch ein, es war aber viel zu wenig Schlaf. Und als Fahrradpilger einen Tag unerholt, unausgeschlafen und mutlos zu beginnen, ist wirklich nicht schön.

In Taizé vor dem Glockenturm

In Cluny – Erinnerung an die ums Leben gekommenen Resistance-Kämpfer. Die Denkmäler für diese Kämpfer sind nach meinem Eindruck immer sehr gut instandgehalten und gepflegt, oft auch mit Blumen und Fahnen (der französischen National-Flagge) geschmückt.

Kerzen

In viele Kirchen in Deutschland, Frankreich und Spanien ging ich hinein, sehr oft, wenn ich an einer Kirche vorbeikam und sie geöffnet war. Ich schaute mir die Innenräume an, hielt kurz inne, kam zur Ruhe, entspannte mich, und wann immer es mir möglich war, zündete ich eine Kerze an. Als Dank für den guten Verlauf meiner Reise und dafür, dass mir diese Reise überhaupt möglich war.

Ja, so bedankte ich mich. Denn ich hatte viel Glück bei meiner langen Fahrt. Und ich hatte ja das Glück, diese Reise überhaupt machen zu können. Ich fand immer eine Unterkunft, und ich hatte keinen einzigen Unfall. Obwohl ich auch brenzlige Situationen erlebte, jedenfalls eine wirklich Brenzlige.

Bei der Fahrt am Rande einer viel befahrenen Nationalstraße nördlich von Dijon wurde ich von großen, schnell fahrenden Lastwagen überholt. Diese Straße hatte leider keinen Randstreifen, auf dem ich sicher fahren konnte. Einige Lastwagen verringerten sogar ihre Geschwindigkeit und blieben hinter mir, wenn sie aufgrund von Gegenverkehr nicht ausscheren und überholen konnten. Aber nicht alle.

Ein rasender Lastwagen überholte mich bei Gegenverkehr so dicht, dass ich von seinem Luftschwall von der Straße auf den Grünstreifen gedrückt wurde. In dieser Situation stand mir glücklicherweise mein Schutzengel bei. Bis auf einen Schock und eine gefühlte Blässe geschah mir nichts dabei. Ich war heilfroh, als ich diese Straße verlassen konnte und auf ungefährlicheren Straßen weiterfahren konnte. Das hätte schlimm ausgehen können.

Aber ich hatte Glück, und so bedankte ich mich gern mit dem Anzünden von Kerzen in den ruhigen Innenräumen vieler Kirchen.

Am Anfang dieses Buches hatte ich geschrieben, dass ich nicht an den Gott der Christen glaube, und einige Leser fragen sich vielleicht, warum ich mich dann in Kirchen bedankte.

Ich denke, wenn eine lange beschwerliche Reise gut verläuft, hat man schon Grund, dankbar zu sein. Dankbar dem Leben gegenüber, das einem ein Erleben wie meine Reise ermöglicht.

Wichtig ist meines Erachtens, dass man für ein gutes Gelingen einen Dank ausspricht oder auch nur denkt. Ich jedenfalls fühlte mich dabei gut. Und gutes Gelingen hängt nicht nur von einem selber ab. Natürlich muss man seinen Teil dazu beitragen, aber das allein dürfte in den allermeisten Fällen nicht reichen.

Und ich war als Pilger unterwegs, auch wenn ich mich während der ersten Hälfte meiner Reise noch etwas als Fahrradtourist fühlte, so brauchte ich doch immer den Kontakt zu Kirchen bzw. mit Kirchen verbundenen Menschen, um mir meinen Pilgerpass abstempeln zu lassen. Und dieser Kontakt war immer angenehm und freundlich, die Atmosphäre in den Kirchen trug auch etwas dazu bei – ein tage- und wochenlang Alleinreisender weiß das zu schätzen.

Von Matour nach Charlieu
6.5. – Tag 21

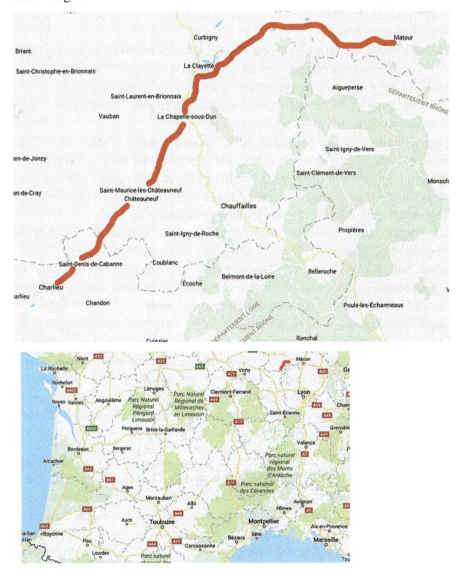

Bis auf den Berg gleich hinter Matour war die Strecke ganz gut zu fahren. Aber mir ging es nicht gut an diesem Tag. Der schlechte Schlaf tat seine Wirkung, ich hatte das Gefühl, eine längere Pause zu brauchen, fühlte mich müde, ausgelaugt und mutlos, mir fehlte die sonst auf dem Fahrrad (fast)

immer vorhandene Energie. Dieses Druckgefühl im Brustkorb nachts in meinem kleinen Zelt machte mir auch am nächsten Tag noch Angst, es tauchte sogar der Gedanke auf, die Reise abzubrechen, mit dem Zug wieder nach Hause zu fahren.

Deshalb suchte ich mir bereits um 13 Uhr nach 45 km in Charlieu mit Hilfe der Tourismus-Information ein Zimmer, ein Chambre. Eigentlich ist es unüblich, so früh schon einzuchecken, ich bat die nette Frau vom Tourismus-Büro, im Hotel (Le Lion d'Or) anzurufen und zu fragen, ob ich schon so früh kommen könnte, und es klappte.

Im Hotelzimmer (für 57 Euro) angekommen legte ich mich aufs Bett, bedeckte mich mit einer Wolldecke und schlief sofort ein. Am späten Nachmittag ging ich noch in der Stadt spazieren, besichtigte ein Museum und kaufte mir in einer kleinen Boulangerie ein halbes Baguette mit geräuchertem Schinken, das mir wunderbar schmeckte.

Ich dachte später, dass ich vielleicht schon zu alt bin um im Zelt zu übernachten. Mein Zelt, ein Modell „Jack Wolfskin Gossamer", ist sehr klein, ich kann darin nur liegen, nicht einmal sitzen. Ich hatte es mitgenommen, weil es so leicht ist, weil es das leichteste kleine Zelt ist, das ich gefunden hatte und das zu meinem Budget passte.

Der Erholungswert eines Hotelzimmers nach einem Tag auf dem Fahrrad ist mit einer Nacht im Zelt nicht zu vergleichen. Im Zelt im warmen Schlafsack fühlte ich mich zwar eigentlich immer geborgen, aber am Morgen bedeutet aufstehen: Heraus aus dem Zelt ins Freie und ab in die ungeheizten Sanitäranlagen des Campingplatzes. Da hat ein eigenes Badezimmer in einem Hotel natürlich eine andere Dimension. Und ein serviertes Frühstück gibt's auf dem Campingplatz auch nicht.

Gedanken unterwegs: Viele Menschen wollen sich ja gern herausstellen, etwas Besonderes sein, „besser sein" als andere. Mache ich deshalb diese Reise? Da könnte ich mal drüber nachdenken… Aber es ist auch ein Abenteuer. Und ich musste mich immer einordnen und anpassen, und jetzt, nach 43 oder 44 Jahren Arbeit in der Metallindustrie, habe ich die Möglichkeit, so eine Reise und damit etwas für mich völlig Neues zu erleben. Das ist auch etwas sehr Gutes. Da ich die Möglichkeit habe, warum sollte ich es nicht wahrnehmen? Diesen Weg zu fahren ist einmalig, andere träumen davon – ich kann es tun! Weil ich das Geld habe, um die Hotels zu bezahlen, weil ich die Zeit habe, und weil ich die Kraft habe, es zu tun. Und die Idee. Sicher werden einige denken, der Günter ist ein kleiner Angeber.

Das bin ich auch, wenn ich nur daran denke, wie vielen Leuten ich vorher etwas von dieser Reise erzählt habe…Bin eben auch nicht perfekt.

Zum ersten Mal seit langer Zeit mal wieder die schöne Jakobsmuschel

Ein Schloss unterwegs – La Clayette

Von Charlieu nach Boen-sur-Lignon
7.5. - Tag 22

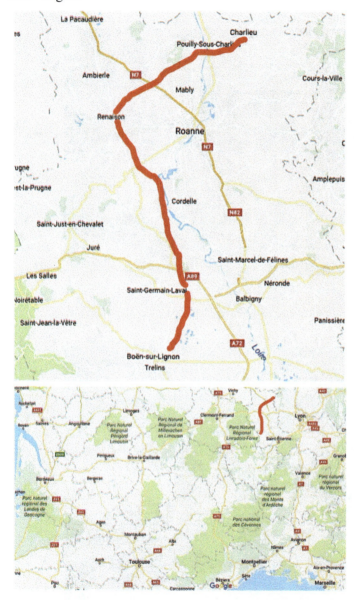

Es ging mir wieder besser und so schaffte ich die 80 Km bis Boen-sur-Lignon. Dabei war auch noch ein riesiger Berg, den ich hinaufschob. Bergab sang ich laut „Chemin de St Jaques, Chemin de St. Jaques, Chemin de St Jaques, Chemin de St Jaques,..."
Kurz hinter Charlieu kam ich durch einen kleinen Ort, dessen Kirche einen leicht verfallenen Eindruck machte. Ich nahm an, dass auch hier die Gemeindemitglieder und das liebe Geld immer weniger wurden. Wie es auch in meiner Heimat vorkommt. Atheisten sollten sich darüber nicht freuen, denn die Kirchen waren und sind meiner Meinung nach immer noch einer der wichtigsten Kulturträger in Europa

Das Läuten der Glocken, die schönen Gebäude, die die Geschichte dokumentieren, die Gemälde, die Figuren, Gottesdienste, Menschen die sich zugehörig fühlen, die Kirchenmusik, die Chöre. Aus atheistischer Sicht sollte man sehr vorsichtig mit Verurteilungen der Kirchen sein.

In der Stadt Boen-sur-Lignon fand ich mit Hilfe eines französischen Ehepaares die Tourismus-Information (es war nicht so gut ausgeschildert und die Stadt erschien mir irgendwie unübersichtlich, lag aber vielleicht auch an mir), ich buchte ein etwas außerhalb gelegenes Hotel für 55 Euro.

Ich wäre auch auf dem kommunalen Campingplatz (Camping Municipal) geblieben, bei dem ich vorher gefragt hatte, ob sie mir einen Caravan oder einer Hütte für eine Nacht vermietet würden. Leider hatten sie Entsprechendes nicht im Angebot. Im Zelt wollte ich nicht wieder schlafen.

Meine Route an diesem Tag führte von Charlieu über Pouilly, Noailly, St Haon-le-Chatel, St Andre d' Apchon, St. Germain Laval nach Boen-sur-Lignon. Die D8 überwindet zwischen St Polgues und St. Germain Laval einen gewaltigen Höhenzug – eine richtig schwere Bergprüfung mal wieder.

Gleich hinter Pouilly auf der Loire-Brücke traf ich ein älteres deutsches Pilger-Ehepaar, das zu Fuß pilgerte, mit schweren Rucksäcken und viel Mut. Sie pilgerten in Abschnitten, fuhren zwischendurch immer wieder nach Hause, und waren jetzt gerade mit Bus und Bahn in Pouilly angekommen. Sie wollten in diesem Jahr bis Le Puy en Velay pilgern. Die beiden waren sehr sympathisch, es tat mir gut mit ihnen zu reden, und es waren die ersten Pilger, die ich in Frankreich traf.

Kurze Zeit später traf ich in einem Dorf noch ein Fußpilger-Ehepaar, etwas jünger als ich, sie waren ebenfalls Deutsche! Sie pilgern jedes Jahr
eine Woche, folgen dabei einem Buch. Sie waren ebenfalls sehr nett.

Ich dachte mir danach: „Wer pilgert ist ein netter, sich um Gutes bemühender Mensch! Von einem Pilger droht keine Gefahr." Ob's stimmt? Ich glaube: Es kann tatsächlich so sein.

Auf einer Loire-Brücke

Nette neugierige Einwohner dieser Provinz Frankreichs

„Leichthügelige" Landschaft – immer wieder mit schönen Ausblicken

Von Boën-sur-Lignon nach Bas-en-Basset
8.5. - Tag 23

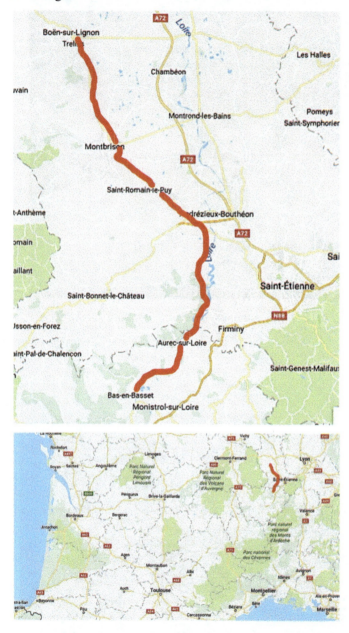

Meine Hoffnung, bis nach Le Puy en Velay zu kommen, erfüllte sich nicht. Als ich in Bas-en-Basset ankam und auf die Karte sah, war mir klar: Zu weit! Dazu war das Gelände zu schwierig gewesen, zu viele Bergprüfungen, zu viel Schieben des Rades.

Von Boen-sur-Lignon aus, wo ich im Hotel ein Super-Frühstück mit drei Spiegeleiern (!) erhalten hatte, ging es auf der D8 über Marcilly Richtung Süden. Und hinter Marcilly begann der Regen, der erst am Nachmittag wieder aufhörte. Da schaut man dann zwischendurch immer wieder in den Himmel und hofft, dass die sichtbaren oder vermuteten hellen Stellen am Himmel ein Ende des Regens ankündigen. Mein Zeug unter der Regenkleidung wurde stark feucht bis nass. Schwitze ich wirklich so viel? Ist meine Regenjacke wirklich wasserdicht? Über Montbrison, Bonson, St. Rambert, Chambles, Aurec-sur-Loire bis nach Bas-en-Basset, 80 Km. Und die Steigungen… Allein zwischen St. Rambert und Chambles geht es kontinuierlich nur bergauf, das hieß: Schieben, schieben, schieben…

In Bas-en-basset fuhr ich die Tourismus-Information an, leider war sie geschlossen. So versuchte ich selbst den Ort (Stadt ist zu viel gesagt, eher ein Dorf) nach Hotels oder Chambre d' Hotes abzufahren. Ein Chateau hatte sein Angebot als „Chambre d' Hotes" ausgeschildert, auf mein Klingeln an der geschlossenen Pforte reagierte niemand. Dann zu einem Cafe (dem Einzigen, das ich geöffnet sah) und dort gefragt, ob es hier in diesem „Ville" ein Hotel oder ein „Chambre" gibt – daraufhin nur Kopfschütteln. Also zum Campingplatz, den es glücklicherweise fast direkt im Ort gibt. Die Rezeption nicht besetzt, nur eine Handy-Nr. ist ausgehängt. Eine Frau meldet sich, die nur französisch spricht, ich verstehe nichts – und sie legt schnell wieder auf. Was nun? Die Suche nach einer Unterkunft kann nach einem anstrengenden Tag schon „etwas nerven", milde ausgedrückt.

Ein älteres französisches Ehepaar, das ich wegen der geschlossenen Rezeption anspreche, zeigt auf ein Häuschen gegenüber. Dort soll sich die Rezeptionistin aufhalten. Und sie kommt tatsächlich und redet pausenlos Französisch. Ich sage ihr, dass ich ein kleines Zelt habe, aber wegen des schlechten Wetters (dem Regen, la pluie) darin nicht schlafen will, und frage sie, ob sie einen Caravan oder eine Hütte hat, in der ich schlafen könnte. Hat sie leider nicht.

Im Nachhinein ist mir selbst nicht klar, wie ich mich bei der Gelegenheit mit meinen äußerst rudimentären Französisch-Kenntnissen verständlich gemacht habe – aber sie schien mich tatsächlich verstanden zu haben.

Mir selbst geht es oft so, dass ich wörtlich nichts verstehe, aber ahne, was die Leute mir sagen wollen.

Wir gehen in ihr Büro, und die gute Frau telefoniert noch drei Leute im Ort an und fragt diese, ob sie mich unterbringen könnten. Das müssen private Zimmervermieter sein, die sie kennt. Leider wollen sämtliche Antelefonierten nicht. Zum Schluss fragt sie mich, ob ich in einem Häuschen, bei uns würde man wohl Mobilheim sagen, für 17 Euro übernachten würde. Ich sage selbstverständlich zu und sie führt mich hin. Das Ganze findet bei ununterbrochenem Sprechen in Französisch statt, wobei ich immer mehr ahne und gefühlsmäßig erfasse als verstehe worum es geht. Im Büro half manchmal auch noch der Mann des älteren Ehepaares, das die ganze Zeit seine Köpfe in die Bürotür steckte, mit englischem Kauderwelsch.

Als Ergebnis habe ich eine Unterkunft in einem Mobilheim, in dem es eine Dusche und einen Gasherd gibt, für 17 Euro und bin total zufrieden.

Die Drei sind sehr hilfsbereit, eine schöne Erfahrung für mich, diese Freundlichkeit und Unterstützung zu bekommen. Durch das lange Alleinreisen bin ich empfindlicher geworden – für freundliches Entgegenkommen und auch für (eigentlich nie vorgekommene) Unfreundlichkeit.

Glück gehabt, ich hätte sonst weiterfahren müssen – und im nächsten Ort wäre es sicher nicht besser gewesen. Als allerletzte Notlösung hätte ich mein Zelt irgendwo in der Natur aufgebaut.

Auf dem Platz bekomme ich etwas vom französischen Campingplatz-Leben mit, denn der Platz ist ziemlich groß und gut gefüllt. Ist ja auch ein langes Wochenende, heute am Freitag ist Feiertag, Jour de Victoire, der Tag des Sieges am 8. Mai, und dann Sonnabend und Sonntag. Hier zeltet natürlich niemand, die Franzosen haben hier ihr eigenes Mobilheim, bis zu dem sie mit ihrem Auto fahren können, und das sie mehr oder weniger ansehnlich dekoriert und ausgestattet haben. Ein Fluss und ein See sind in der Nähe – man kann hier schon seinen Urlaub gut verbringen. Die Franzosen hier sind primär Arbeiter, das spüre ich, merke es auch an ihrer Psychomotorik und ihrer Art zu reden. Da ich selbst als Arbeiter sozialisiert wurde, fühle ich mich unter ihnen gut aufgehoben. Ich werde sogar einmal angesprochen, als ich vor „meinem" Mobilheim in der überraschend aufgetauchten Abendsonne sitze – leider verstehe ich nur „le soleil", lächel aber freundlich als Antwort.

Gedanken am nächsten Tag unterwegs:
Auf diesem Campingplatz fiel mir wieder einmal auf, welch hohen Stellenwert das Auto für die Arbeiterklasse hat. Mit dem Auto ist schon ein hoher praktischer Lebenskomfort verbunden, und vielleicht auch etwas psychologisch Relevantes: Ein Gefühl der Freiheit, man kann jederzeit fahren wohin man will. Ohne ihre Autos könnten die Menschen hier sicher nicht so ohne Weiteres zu ihren Mobilheimen kommen, Lebensmittel transportieren, zur Arbeit fahren, Material vom Heimwerkermarkt holen.
Es kommt noch hinzu, dass es hier ziemlich bergig ist und eine Alternative zur Motorisierung nicht in Sicht ist. Da ist es schon gut, ein Auto zu haben – diesen Besitzstand sollte man nicht geringschätzen.

Erinnerungskultur...

Die Erinnerung an die Weltkriege I und II ist in Frankreich sehr anders als bei uns in Deutschland. Die Denkmäler und Monumente für den Grand Guerre, den 1.Weltkrieg, stehen oft für heldenhafte französische Soldaten, sind auch oft unbefangen mit alten Waffen ausgestattet. Was kein Wunder ist, denn Frankreich gehörte in diesem Krieg zu den Siegern über die ins Land eingedrungenen deutschen Soldaten.
Zum 2.Weltkrieg sieht man oft Denkmäler für die Kämpfer der Resistance, die im Widerstand gegen die deutschen Besatzer umgekommen sind.
Die Erinnerung in Frankreich an die beiden Weltkriege scheint mir recht unkompliziert und selbstverständlich zu sein, die Denkmäler sehen auch gut gepflegt aus, sind oft mit Blumen und Fahnen geschmückt. Es gibt in Frankreich nicht diesen Bruch mit der Vergangenheit wie bei uns. Der selbstverständliche natürliche Stolz auf die eigene Kultur, Geschichte und Nation scheint in Frankreich noch vorhanden zu sein.

...in Bas-en-Basset an den Grand Guerre, den 1.Weltkrieg

Unterwegs schon mal ein Blick auf die Loire

Von Bas-en-Basset nach Le Puy en Velay
9.5. - Tag 24

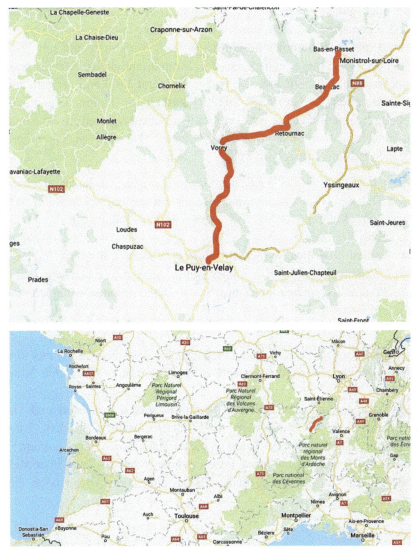

Am Morgen fuhr ich noch vor dem endgültigen Abschied von meinem nächtlichen Quartier zu einem Supermarkt und kaufte etwas Reiseproviant für mich und eine Tafel Schokolade für die nette Campingplatz-Managerin, um mich bei ihr zu bedanken.

Über Beauzac, Retournac, Chamalieres, Vorey, La Voute bis Le Puy, 60 Km.
Ich fand ein günstiges Hotel, wie (fast) immer mit Hilfe der Touri-Zentrale, die mir auch gleich einen Stempel verpasste. Für 35 Euro bekam ich ein winziges Zimmer im 4. Stock, das ich für zwei Tage mietete.
Ich kaufte mir im Bahnhof eine Fahrkarte nach Mulhouse, und mit Fahrradmitnahme war diese Fahrt erst am Montag möglich, deshalb zwei Übernachtungen. Ich brauchte eine Pause, hatte gut 1700 Km „abgeradelt" und fühlte mich „urlaubsreif", wollte zurück in meine heimatliche Umgebung, in mein eigenes Bett, in meinem Schrebergarten in der Sonne liegen und mich erholen. Und zu meinem Hausarzt wegen meiner nächtlichen Schlafstörungen im Zelt.

Mulhouse liegt kurz vor der deutschen Grenze, von dort wollte ich an einem weiteren Tag nach Freiburg und dann weiter mit der deutschen Bahn nach Hamburg zurückfahren (Ich schaffte es aber an dem Bahntag in Frankreich doch noch bis Freiburg).
Ja, so machen es Pilger manchmal: Immer wieder ein Stück, mal ein Kürzeres, mal etwas länger, aber immer weiter. Man muss einen sehr weiten Weg nicht ununterbrochen in einem Stück gehen – Pausen können notwendig und sinnvoll sein.

Die alten Kirchen und die diversen Gebäude im Zentrum von Le Puy sind sehr beeindruckend, besonders die sehr reich ausgestattete Kathedrale Notre Dame.
Le Puy ist aber auch eine lebhafte Stadt mit vielen Touristen und viel Autoverkehr. Junge Leute brettern auf Mopeds durch die Straßen, Autos hupen, rasen…, der spirituelle Anteil an dieser Stadt schien mir eher klein zu sein. Jedenfalls war das moderne Leben primär sichtbar. Kann aber auch sein, dass meine Erschöpfung meinen Blick am ersten Abend noch eingeschränkt hatte.

Unterwegs an der Loire

Die Kathedrale von Le Puy en Velay – ein wunderbares Bauwerk

Ein Tag in Le Puy en Velay
10.5. - Tag 25

Ein Entspannungstag in Le Puy; am Morgen besuchte ich die Messe in der Kathedrale Notre Dame. Diese riesige Kirche hat sehr viele schöne Kunstwerke und Schätze, auch hier ein eindrucksvoller religiöser Luxus. Hier störte er mich aber nicht so sehr. Die Ausstrahlung dieser Kathedrale, die Stimmung in ihr ist etwas Besonderes. So habe ich es jedenfalls empfunden. Es hört sich vielleicht merkwürdig an, aber ich mochte diese Kirche und mag sie immer noch gern. Nach meiner Reise habe ich ab und zu daran gedacht, noch einmal wieder nach Le Puy zu fahren. Und das primär um diese Kirche wieder zu besuchen.
Der Ablauf der Messe war beeindruckend, mir auch wieder etwas fremd. Die Menschen stehen auf, setzen sich, wie auf ein Kommando. Es gibt aber kein Kommando, sie wissen es anscheinend einfach.
Schockierend war für mich, dass viele Gläubige ab und zu richtig niederknieten, mit den Knien auf dem Steinfußboden. Das hatte für mich etwas Unterwürfiges. Mir fiel kein anderes Wort ein. Einen Gott, der verlangt, dass man vor ihm auf die Knie fällt, brauche ich nicht.
Und die Bewegungen und Handlungen der Priester, wie z. B. das Hochhalten bestimmter Gegenstände vor der Gemeinde…Verstand ich natürlich nicht, fand es auch: Komisch? Ich werde wohl kein Katholik mehr werden, will die Katholiken und andere Gläubige aber auch nicht verurteilen.
Am Schluss der Messe gingen Kinder durch die Reihen und klatschen die Hände der Gottesdienst-Besucher ab. Ich bedankte mich bei dem kleinen Mädchen meiner Reihe mit einem „Merci". Und man gab sich gegenseitig in den Bankreihen noch die Hand und wünschte sich alles Gute.
Das war sehr schön. Diese gute Stimmung zum Schluss mit dem gegenseitigen Händeschütteln tat mir gut. Kein Wunder nach der langen Reise allein.

Nach der Messe kletterte ich auf den Berg mit der riesigen Marienstatue mit Kind. In dieser Statue ist es möglich, über Treppen und Leitern bis in die Spitze zu klettern und ganz oben aus Öffnungen über Le Puy zu schauen. Ein schönes Erlebnis. Danach besuchte ich das der Kathedrale angeschlossene Museum, in dem es recht wertvolle Kirchenschätze gibt. In der Kathedrale konnte ich anschließend noch beobachten, wie eine junge Nonne die Tücher der Schwarzen Madonna ordnete und zum Teil erneuerte. Die sympathische junge Frau bewegte sich dabei sehr elegant und sicher. Ich dachte: Ja, auch das größte und wichtigste Heiligtum braucht jemand, der es pflegt, ihm den Staub abwischt und es bewahrt.

St Jaques in der Kathedrale von Le Puy, zu seinen Füßen der berühmte Kasten für die Wunschzettel

Die schwarze Madonna in der Kathedrale von Le Puy en Velay

Im Museum der Kathedrale

Wegweiser in Le Puy – nur noch 1522 Km bis Santiago de Compostela!

Zurück von Le Puy nach Hamburg
11.5. - Tag 26 + 12.5. - Tag 27

Mit der SNCF, der französischen Eisenbahn, morgens um 8:34 ab Le Puy, über St. Etienne, Lyon, Dijon, Mulhouse, Müllheim (in Deutschland) nach Freiburg.

Ein ganzer Tag in der Eisenbahn, in kleinen Regionalzügen, Fernzügen, mit dem TGV (Train á Grande Vitesse) von Dijon nach Mulhouse und wieder Regionalzügen bis spätabends nach Freiburg.

Im einem ungemütlichem Ibis-Budget-Hotel in einem Industriegebiet in Freiburg fand ich eine Unterkunft für eine Nacht für 39 Euro.

Am nächsten Morgen recht früh zum Reisezentrum im Freiburger Bahnhof und eine Fahrkarte mit Fahrradtransport nach Hamburg gekauft. Über Offenburg, Mannheim, Koblenz, Köln, Dortmund, Münster, Bremen nach Hamburg. Nochmal ein ganzer Tag in der Bahn.

Es war gut, wieder zu Hause zu sein und die notwendige Erholung zu genießen.

Robert

Auf der Rückfahrt mit der französischen Eisenbahn von Le Puy nach Mulhouse musste ich unter anderem in Lyon und Dijon umsteigen. In Lyon kam ich nicht auf dem schönen alten Jugendstilbahnhof im Zentrum an, sondern auf dem etwas abseits davon gelegenen Bahnhof Lyon Part Dieu. Da ich etwas Zeit hatte, fuhr ich mit meinem Fahrrad noch auf dem Bahnhofsvorplatz herum, kaufte mir noch einen Kaffee.

Die Kaffeeverkäuferin konnte etwas Englisch, was für mich in Frankreich immer beruhigend ist zu hören, und sie wünschte mir netterweise noch eine „Bon voyage".

Im Bereich des Bahnhofs war viel Betrieb, viele Migranten, und Menschen, denen ich ansehen konnte, dass sie nicht so richtig viel Geld hatten.

Der Einstieg mit meinem Fahrrad in den Zug nach Dijon war nicht einfach, die Tür eng, und im Zug musste ich mein bepacktes Fahrrad sehr weit hochheben und mit dem Vorderrad an einem Haken in fast zwei Meter Höhe aufhängen. Um das zu schaffen, musste ich meine Fahrradtaschen abnehmen. Zum Glück fand ich gleich einen Sitzplatz im nächsten Waggon, der Zug war nicht sehr gefüllt.

Mit mir kam auch Robert, ein Franzose, so um die vierzig Jahre alt, mit seinem großen Hund ins Abteil.

Robert gehörte zu einer Sorte Mensch, die mir schon immer unsympathisch war. Er hatte etwas von einem einfachen Arbeiter, war angetrunken und: aufdringlich. Ja, ein aufdringlicher Säufer, dachte ich, jemand, der andere Leute alkoholgeschwängert vollquatscht. Solche Leute mochte ich noch nie. Seinem etwas gerötetem Gesicht sah man den Alkohol an, und ständig versuchte er, mit Leuten ins Gespräch zu kommen. Er sprach Leute an, die in seiner Sitzgruppe Platz nehmen wollten, was aufgrund seines sehr großen Hundes schwierig war, er unterhielt sich mit einer älteren Frau, die ein eingepacktes großes Bild mit sich führte, redete mit einem jungen Mann, der ihm schräg gegenüber saß über Musik, redete zwischendurch mit seinem Hund. Und ständig hielt er sein Handy in einer Hand, das ab und zu piepte, wie beim Empfang einer SMS, aber niemals klingelte. Er telefonierte während der ganzen Bahnfahrt von Lyon nach Dijon mit niemandem. Da ich von seinem Gerede aufgrund meiner fast nicht vorhandenen Französisch-Kenntnisse nichts verstand, konnte ich ohne große Absicht und Ablenkung sein Verhalten gut wahrnehmen.

Während der ungefähr zweistündigen Zugfahrt machte er sich in der Zugtoilette frisch, er kam rasiert und mit einem frischgewaschenem T-Shirt bekleidet wieder zurück. Danach cremte er noch seine hohen schwarzen Schuhe mit einer Schuhcreme ein. In seiner großen Reisetasche hatte er anscheinend allerhand dabei. Ein- oder zweimal öffnete er eine neue Dose Bier, er trank die ganze Zeit und nutzte jede Gelegenheit zur Unterhaltung. Bei fast jedem Halt des Zuges in kleineren Städten stieg er kurz aus, um eine Zigarette zu rauchen.

Da er sich auf der Zugtoilette rasiert und teilweise umgezogen hatte, fragte ich mich, ob er vielleicht keine Wohnung hatte. Und warum fuhr er von Lyon nach Dijon? Wollte er dort jemand treffen? Eine Frau oder ein paar Kumpel? In Dijon stiegen wir aus, vor der Waggontür sagte er etwas zu mir, was ich natürlich nicht verstand.

Aber ich antwortete ihm: "Pardon Monsieur, parle non francais." Das wiederum verstand er. Dann trennten sich unsere Wege, er stieg aus und ich kämpfte mit meinem Fahrrad um den Ausstieg.

In Dijon hatte ich zwei Stunden Aufenthalt. Zeit genug, um das Stadtzentrum zu besichtigen, quer durch das Zentrum bis zum Stadtrand zu fahren und einen Supermarkt zu suchen. Da ich auf meiner Hinfahrt bereits für zwei Übernachtungen in Dijon war, kannte ich mich schon ein bisschen in der Stadt aus. Ich kaufte schon mal mein Abendessen fürs Hotelzimmer: eine Dose Bier, Schafskäse und eine Couscous-Mischung. In einer Art Schnellimbiss aß ich noch ein kleines Baguette und trank einen Kaffee. Der heiße Kaffee war richtig gut, denn es war kühl geworden. Der Himmel bedeckt, grau, etwas Wind, kein Sonnenschein mehr. Dann wieder zum Bahnhof, zum Gare. Das nächste Stück Bahnfahrt heute von Dijon nach Mulhouse sollte ich mit dem schnellen TGV absolvieren; ich fragte an der Bahn-Information schon mal, wo sich denn das Fahrradabteil beim TGV befand. Die gute Frau antwortete mir, dass ich mit dem Fahrrad nur in den TGV hereinkäme, wenn ich einen Fahrradplatz vorab reserviert hätte. Ich behauptete natürlich, dass ich eine Reservierung hätte. Was auch tatsächlich stimmte, wie die sofortige Kontrolle meiner Fahrkarte ergab, Wagennummer und Nummer des Fahrradplatzes waren auf meiner Fahrkarte aufgedruckt.

Ein bisschen gondelte ich noch vor dem Bahnhof herum, verzog mich dann aber ins das Gebäude und wartete. Blickte durch große Glasfenster auf den Bahnhofsvorplatz, und wen sehe ich da auf einer Bank sitzen? Robert. Sein Hund lag neben ihm auf dem Boden. Er saß allein auf einer Bank, leicht gebeugt, und guckte auf sein Handy. Die ganze Zeit guckte er auf sein Handy, saß bewegungslos, starr, hatte sich wegen des kühlen Wetters eine Jacke angezogen. Und ich sah ihn wieder nicht telefonieren, wie schon im Zug.

Auf einmal wurde mir etwas klar: Dieser Mann war einsam. Robert war einsam. Er fuhr allein mit dem Zug von Lyon nach Dijon, und jetzt saß er allein dort vor dem Bahnhof. Vermutlich hat er keine eigene Wohnung, dachte ich. Deshalb hatte er sein Rasierzeug, frische Wäsche, Hundefutter, Bier und Schuhputzmittel in seiner Reisetasche. Vielleicht hatte ihn seine Frau rausgeworfen. Und er trank, weil er sein Leben sonst nicht ertragen konnte. Ein völlig einsamer Mensch.

Auf einmal war er mir nicht mehr unsympathisch. Ich hatte ein Vorurteil gehabt. Ich wäre gern zu ihm gegangen und hätte ihm auf die Schulter geklopft und gesagt: „Hey, Robert, alter Kumpel, gib nicht auf!" Mein Gott, der saß wahrscheinlich schon seit der Ankunft allein dort! Da fuhr einer zwei Stunden mit einem Zug von Lyon nach Dijon – und saß dann in Dijon allein auf einer Bank vor dem Bahnhof.

Aber ich fuhr auf einer Rolltreppe runter zu einer Unterführung und schleppte mein Fahrrad hoch zum Bahnsteig, auf dem der schnelle TGV in einigen Minuten einfahren sollte. Ich fand sogar die Wagen-Nummerierung am Bahnsteig, so dass ich bei der Einfahrt des TGV an der richtigen Stelle stand.

Robert spukte mir noch so einige Male im Kopf herum. Seinen richtigen Namen kannte ich nicht.

Männer in Städten können leicht einsam werden, bei Scheidungen und Arbeitslosigkeit. Da fiel mir der ältere Arbeiter ein, den ich in meinem Hamburger Stadtteil ab und zu vor einem Supermarkt oder auf einem kleinen Platz in der Nähe meiner Wohnung Bier trinken sehe. Er sieht schon etwas heruntergekommen aus, ungepflegt. Er redet manchmal hörbar mit sich selbst.

Zuhause

Ein paar Tage nach meiner Ankunft erzählte ich meinem Hausarzt von dem Druckgefühl in der Brust, das sich nachts manchmal im Hotelbett, besonders aber beim Schlafen im Zelt bemerkbar gemacht hatte und mir in einigen Nächten meiner Reise richtig Angst gemacht hatte.

Er ließ sofort ein EKG machen, meine EKG-Werte waren aber gut, er vermutete ein Problem der oberen Wirbelsäule.

Eine schöne Beruhigung! Ich bin ja sowieso kein mutiger Mensch und neige manchmal zu Angst und Panik, da war es gut, dass mein Hausarzt mir den Wind aus den Segeln nahm.

Das war der erste Teil meiner Reise nach Santiago de Compostela im Jahr 2015. Im gleichen Jahr auch noch den zweiten Teil zu fahren, ergab sich nicht.

Dann mal wieder zur Elbe:

Mein Weg im Frühjahr 2016 in Frankreich – 750 Km

Ich folgte in Frankreich mit Hilfe meines Reiseführers „Radwandern entlang des Jakobsweges" der „Via Podensis", dem berühmten Jakobsweg von Le Puy en Velay nach St. Jean Pied de Port kurz vor der Grenze zu Spanien. Mein (Rad-) Weg und der Camino liefen manchmal parallel, kreuzten sich, entfernten sich voneinander und fanden sich selten auch auf der gleichen Straße. Ich war aber immer so dicht wie als Fahrradpilger eben möglich am Camino.

2016 - Auf ein Neues – wieder nach Le Puy en Velay
12. 4. 2016 – Tag (bzw. Nacht) 1

Fast ein Jahr später, im April 2016, startete ich wieder - für den zweiten Teil meiner Reise von Hamburg nach Santiago de Compostela.

Per Nightliner, ein Nachtzug mit Schlafgelegenheiten, von Hamburg (Abfahrt um ca. 20:00) nach Basel, mit Fahrrad und Gepäck. Gut, die ganze Nacht liegen zu können. Ich bin sogar kurz eingeschlafen.

Im Sechser-Abteil (sechs Klappbetten) des Nightliners mit fremden Menschen auf engem Raum die Nacht zu verbringen, ist gewöhnungsbedürftig, ging aber ganz gut. Die jungen Schweizer in meinem Abteil, die in Dänemark waren und jetzt heimfuhren, waren ganz nett.

13.4. – Tag 2

Am Morgen in Basel (CH) konnte die Schweizer Bahn mir kein Ticket mit Fahrradmitnahme nach Le Puy verkaufen, der nette Bahnbeamte bekam es einfach nicht hin, deshalb kaufte ich zunächst nur eine Fahrkarte nach Mulhouse (F) und besorgte mir dort das Ticket incl. Vélo - Mitnahme bis Le Puy en Velay.

Über Belfort, Lyon, St. Etienne nach Le Puy. Ein ganzer Tag in der französischen Eisenbahn.

Gut war: Bei Wartezeiten auf verschiedenen Bahnhöfen verkürzte mir das vorhandene Wlan und mein IPad die Zeit.

Abends nach Ankunft in Le Puy, es war schon kurz vor 22 Uhr, der letzte Abschnitt mit dem kleinen Regionalzug von St. Etienne nach Le Puy wollte nicht enden, gleich ins dem Bahnhof gegenüberliegende Ibis-Budget-Hotel (59 Euro mit petit déjeuner) und sofort eingeschlafen. Endlich war ich wieder da – und es ging weiter!

Auf Bahnhöfen in Frankreich sah ich viele Plakate mit Hinweisen für das Verhalten bei Terroranschlägen – in Frankreich steht das Thema „Terror" seit einigen verheerenden Anschlägen wesentlich mehr in der Öffentlichkeit als bei uns:

Von Le Puy en Velay nach Saugues
14.4. - Tag 3

Am Morgen recht früh los, noch den Berg zur Kathedrale durch schmale Gassen hochgewandert (mein Fahrrad hatte ich mit allem Gepäck vor der Touristen-Zentrale angeschlossen), einen Zettel in den „Wunschkasten" zu den Füßen von St. Jaques eingeworfen und einen (sehr schönen) Stempel abgeholt, und dann ging es los! Und zwar bergan, bergan. Bis nach Saugues waren es nur 45 Km, aber es war schon ziemlich warm, für mich fast heiß, und es ging reichlich bergan. Die Anstiege waren „Wahnsinn" – so notierte ich es mir abends in mein Tagebuch. Stundenlanges Schieben des Fahrrades hieß das für mich. Ich schob lieber bergan anstatt mich im ersten Gang abzustrampeln.

In Saugues saßen Fußpilger vor einem Lokal, das gleichzeitig ein Hotel war, ich setzte mich dazu, trank eine Cola und wechselte ein paar Worte mit ihnen.

Da ich der einzige Fahrradpilger war, fragten sie mich einiges. Woher und seit wann ich unterwegs sei; es war gut, am Ende der Tagesarbeit mit anderen Menschen zu reden. Ich mietete mich in dem Hotel gleich ein, bekam ein nettes kleines Zimmer für 60 Euro, inkl. abendliches Plat du jour und morgendliches petit déjeuner. Der Wirt schien etwas behindert zu sein, vielleicht hatte er einen Schlaganfall gehabt, seine Schwester hatte aber alles im Griff.

Abends ging ich noch in die Kirche, dort hielten sich zwei ältere Frauen auf, die Pilgerpässe abstempelten, und sie fragten mich, ob ich die alte Kapelle nebenan noch besichtigen wollte, die an diesem Abend ausnahmsweise geöffnet werden sollte. Das nahm ich gern an. In der Kapelle erzählte jemand etwas über die Geschichte dieses Gebäudes, auf Französisch, einiges wurde auf Englisch übersetzt, so dass auch ich ein bisschen verstand. Ein guter Abend mit abschließenden guten Essen im Restaurant, zu dem auch noch ein Vin rouge inklusiv war!

In der Kathedrale von Le Puy en Velay

Blick zurück auf Le Puy en Velay – sieht schon sehr schön aus, nicht wahr?

Saint-Privat-d'Allier – ein hübscher Ort, hier gab es einen Kaffee für mich

Da unten fährt ein Auto – und vor einer Stunde ich!

Hauswand in Saugues

Von Saugues nach Nasbinals
15.4. - Tag 4

Um 9:30 Uhr startete ich, nachts hatte es geregnet, tagsüber blieb es aber trocken und teilweise sonnig. Beim Frühstück traf ich noch andere Pilger, eine Gruppe von französischen Fußpilgern, die in einer Herberge übernachtet hatten und zum Frühstück in das Restaurant gekommen waren. Viel reden konnte ich nicht mit ihnen, aber es war angenehm, nicht der einzige Pilger zu sein, wie fast immer im ersten Teil meiner Reise. Vom Vortag hatte ich

schon etwas Sonnenbrand auf der Stirn, die Sonne hatte hier schon reichlich Kraft. 73 Km bis Nasbinals, unterwegs schon mal wieder ein leichtes Erschöpfungsgefühl. Ich fand ein gutes Zimmer für 40 Euro mit Frühstück in einem Hotel, das auch anderen Pilgern als Unterkunft diente und auch mit seiner Werbung Pilger anlockte. Vorher hatte ich noch einen Blick in eine Pilgerherberge geworfen – gefiel mir aber nicht. In meinem Hotelzimmer lief die Heizung – ich konnte einen Teil meiner Kleidung waschen und trocknen, das wäre in der Herberge so nicht möglich gewesen.

Am späten Nachmittag ging ich noch zur Kirche, die leider schon geschlossen war, aber eine ältere Frau, die dort so etwas wie eine ehrenamtliche Kirchenwächterin zu sein schien und sich vor der Kirche zu schaffen machte, führte mich noch zur Mairie, zum Hotel de Ville (die Gemeindeverwaltung), wo ich mir einen Stempel abholen konnte. Sie führte mich sogar bis zur Zimmertür des richtigen Büros, da konnte dann wirklich nichts mehr schiefgehen. Wie hilfsbereit und interessiert die Menschen sind, wenn sie sehen, dass sie einen Pilger vor sich haben, war und ist erstaunlich. Später ging ich in ein Restaurant (es schien das einzige Geöffnete im Ort zu sein) und aß einen „Salade d' Aubrac" mit sehr viel Jambon (Schinken). Das Restaurant war gut gefüllt, voller Franzosen, die sehr viel Fleisch aßen, Wein tranken und sich gut und angeregt unterhielten.
Französische unkomplizierte Lebensfreude! Und ich saß mitten unter ihnen, zwischen vollbesetzten Tischen, an denen fröhlich getafelt wurde!
Vielleicht ist es manchmal auch gut zu entspannen, nichts Ernstes und Schweres zu denken, sondern einfach nur etwas Gutes essen, dazu ein gutes Glas Wein und sich nett unterhalten.
Ich wurde sogar noch von anderen Gästen vom Nebentisch angesprochen, leider reichten meine Französisch-Kenntnisse nicht für eine richtige Unterhaltung – es war aber trotzdem sehr nett und freundlich.

Am nächsten Morgen bezahlte ich mein Hotel mit meiner Kreditkarte, dabei lief der Wirt mit dem Lesegerät in einen anderen Raum. Warum, fragte ich mich? „Hoffentlich betrügt er mich nicht, gibt er vielleicht einfach eine andere Summe ein?", schoss mir durch mein misstrauisches Hirn. Ein gutes Gefühl hatte ich nicht, entschloss mich aber, ihm zu vertrauen; er schien doch auch ganz nett zu sein, versuchte ich mich zu beruhigen. In fremden Ländern mit anderer Sprache kann man nicht immer alles gleich sofort verstehen, man muss den Einheimisches schon Vertrauen entgegenbringen. Irgendwann beruhigte sich meine Angst, die unbegründet war, wie sich später herausstellte.

Wiesen, Wald, eine kleine Straße ohne Verkehr – so lässt es sich (Fahrrad-) Pilgern

Kleine Kapelle für Pilger am Weg

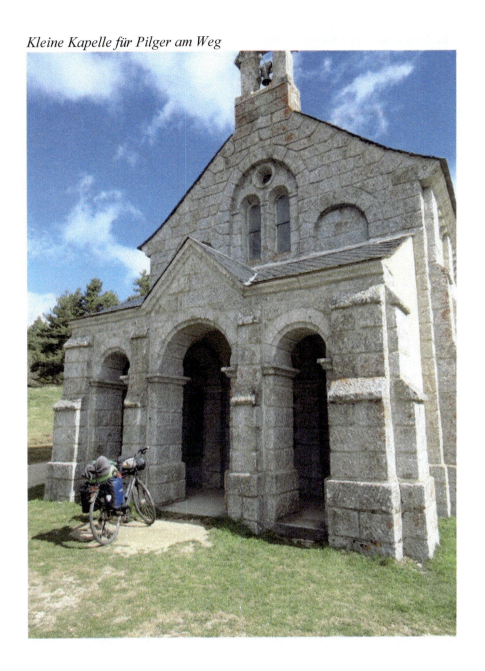

Von Nasbinals nach Grand Vabre
16.4. – Tag 5

Schön bergan ging es durch eine ziemlich einsame Gegend zum Col d' Aubrac auf fast 1400m Höhe.
An einigen geschützten Stellen lag hier noch Schnee, es war in diesen Höhen auch etwas kühl, was mich aber nicht störte, denn so kam ich nicht so sehr ins Schwitzen. Als ich etwas länger durch einen Wald fuhr, erinnerte ich mich daran, irgendwo gehört zu haben, das hier in den einsamen Wäldern wilde Frauen leben, die allein reisende Männer gern einfangen und mit ihnen…
Zum Glück konnte ich meine Phantasie noch rechtzeitig bremsen. Sonst hätte ich hier womöglich noch etwas aufgeschrieben, was nicht ganz jugendfrei ist. Und schließlich bin ich als Pilger unterwegs! Aber vor Jahrhunderten war es für die Pilger wohl wirklich nicht ganz ungefährlich, durch so einsame Gegenden zu wandern. Deshalb wurden zum Schutz der Pilger bestimmte Pilgerunterkünfte gebaut.
Der Ort Aubrac ist sehr schön, nur alte Häuser, ein alter Turm, der als Pilgerherberge dient, und die Aussicht! Der Blick geht zig-Kilometer ins Land.

Nach dem Pass, dem Col d' Aubrac, ging es wunderbar bergab. Kilometerlang bergabwärts bis zum Fluss Le Lot. Das war eine tolle Belohnung für das harte Bergan-Arbeiten die Tage vorher. Und das Tal des Le Lot ist eine wunderbare magische Landschaft, ein Geschenk!
91 Km fuhr ich bis Grand Vabre, ein Dorf, das ca. 5 Km vor der bekannten Stadt Conques liegt, und zwar gleich am Beginn der Straße, die vom Le Lot nach Conques abzweigt. Ich hatte geplant, bis Conques zu fahren, zur berühmten Stadt mit ihren schönen Kirchenschätzen und ihren mittelalterlichen Gebäuden.
Aber durch meine übliche abendliche „Ich finde bestimmt kein Quartier" – Panik ließ sich mein Blick nicht mehr von einem Hotel-Schild in diesem Dorf lösen und so nahm ich in diesem Hotel ein Zimmer.
Und ich wollte auch jeden Umweg vermeiden, am nächsten Tag hätte ich von Conques wieder zum Le Lot zurückradeln müssen, hatte ja noch etliche Kilometer vor mir bis Santiago de Compostela und musste meine Kräfte einteilen.
Das Dorf Grand Vabre ist sehr klein, alt und idyllisch. Ein Künstler hat ein kleines offenes Atelier am Dorfplatz, eine Frau betreibt eine kleine Boulangerie, eine kleine Kirche steht etwas erhöht über dem Dorfplatz, alte Häuser mit engen Gassen. Die Bäckerin schenkte mir ein Stück Kuchen, als ich ihr erzählte, dass ich nach Santiago will. Sie gab mir noch eine Postkarte mit der Bitte, ihr diese aus Santiago zu schicken. Leider ging mir diese Postkarte in den Tagen darauf verloren. Sicher achtete ich auch nicht genügend ernsthaft darauf, bin eben nicht perfekt.
Beim Abendbrot auf dem Balkon des Hotels, das aus Wasser, einer mitgebrachten Dose Thunfisch und einem Baguette bestand, gab es noch ein heftiges Unwetter, mit Blitz und Donner und heftigem Regen.
Wie gut, ein schützendes Hotelzimmer zu haben.
Spät abends telefonierte ich noch mit daheim, erzählte, wieviel mir dieser Tag geboten hatte.

Felsige Wiese im Aubrac

An einigen Stellen hoch oben liegt noch Schnee

Aubrac – hier gibt es eine sehr alte Pilgerherberge

Weiter Blick ins Land mit Pilgern auf dem Jakobsweg

Pause in Estaing – in einem Straßencafe aß ich ein Omelett

Wilde Ziegen im Tal des Le Lot

Blick ins wunderbare Tal des Le Lot

Grand Vabre – Blick am Morgen aus meinem Hotelzimmer

Von Grand Vabre nach Cabrerets
17.4. - Tag 6

Immer am Le Lot entlang, durch die wunderschöne Landschaft am Fluss. Die Erde ist doch das Paradies, denke ich (mal wieder). Das Tal des Le Lot hat jedenfalls eine gewisse Magie.
95 Km bis Cabrerets, das ein Stückchen weg vom Le Lot am Fluss Célé liegt (bzw. ein Stückchen die Célé von der Mündung in den Le Lot hoch), fand ich mit einiger Mühe (die meisten Unterkünfte schienen geschlossen zu sein) ein einfaches günstiges Quartier, eine Art Herberge, in der auch einige andere (Fuß-) Pilger übernachteten. Ich bekam ein Bett in einem Vierbettzimmer, da ich aber in diesem Zimmer der einzige Gast war, war es schon komfortabel genug. In meinem guten Schlafsack schlief ich auf einem Bett wunderbar. Bei voller Belegung mit drei anderen Fremden wäre es schon weniger heimelig gewesen, auch weil WC und Dusche direkt vom Schlafraum abgingen.
Zur Herberge gehörte ein Restaurant, das ebenso wie die Herberge von gutgelaunten jungen Leuten betrieben wurde. Die schienen sich, wie ich bemerken konnte, untereinander gut zu verstehen. Kein schlechtes Leben, in

einer Gruppe Gleichaltriger mit einer Herberge und einem Restaurant (Restaurant La Roue / Gîte du Barry) seinen Lebensunterhalt zu verdienen. Im Restaurant wurde durchaus anspruchsvoll gekocht; ich genoss am Abend ein gutes Drei-Gänge-Diner und ein Glas Rotwein. Alles inklusive für 45 Euro pro Nacht. Und sie hatten Wlan im Restaurant, so dass ich noch nach Hause skypen konnte. Für die Psyche des Pilgers ist es sehr gut, von unterwegs per Telefon oder Internet Kontakt nach Hause zu halten, jedenfalls für die Psyche des Alleinpilgernden. Auf jeden Fall für die Psyche des alleinpilgernden Günter B. Unter diesen Umständen konnte ich sehr beruhigt einschlafen.

Cabrerets ist ein schöngelegener alter Ort, zwischen der Célé und einer hohen Felswand gelegen. Mitten durch den Ort mit seinen alten Häusern fließt ein schnell strömender klarer Bach, ein schöner Anblick. In der Nähe liegt die berühmte „Grotte de Pech-Merle" mit steinzeitlichen Höhenmalereien, ich sah noch einen Wegweiser zur Grotte im Ort, aber – ich nahm mir die Zeit nicht dafür. Ich brauchte alle meine Zeit und Kraft, um nach Santiago zu kommen. Keine Abweichung von der notwendigen Route – so dachte ich. Mein Vertrauen in meine eigene Leistungsfähigkeit war nicht so groß, dass ich mir noch Nebenaktivitäten erlaubt hätte.

Straße entlang des Le Lot

Wohnen überm Fluss

Wohnen zwischen Fluss und Felswand – ob man da immer gut schläft?

In den Kalksteinfelsen gibt es sehr viele Höhlen

Zwei riesige Felsblöcke im Bett der Célé – ein besonderer Ort

Von Cabrerets nach Moissac
18.4. - Tag 7

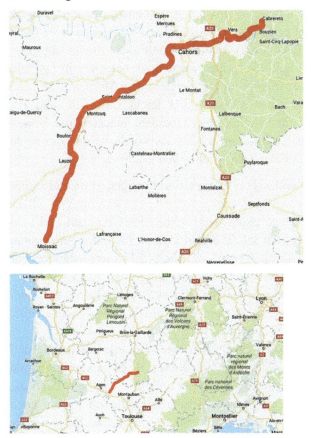

Am Morgen beim Frühstück in Cabrerets setzte ich mich zu anderen Pilgern und kam mit ihnen ins Gespräch. Sie waren zu Fuß unterwegs, ich erzählte von meiner Reise von Hamburg nach Le Puy 2015 und vom Start in diesem Jahr in Le Puy. Einer der Pilger (sie waren Franzosen und Belgier) war zu Fuß aus Brüssel gekommen, er war schon weit mehr als einen Monat unterwegs, andere waren wie ich in Le Puy gestartet. Sie waren sehr ernsthaft. Als ich die Schönheit der Landschaft lobte, bestätigte ein älterer Pilger dies mit den Worten: „Diese Gegend ist heilig." Ja, diese wundervolle Natur ist ein Geschenk.

Wochenlang zu Fuß unterwegs zu sein ist eine riesengroße Leistung, nicht nur körperlich. Es stellt noch größere Anforderungen an den Pilger als mein

Radeln. Wobei Radeln nicht der richtige Ausdruck ist, es ist schon harte Arbeit. Trotzdem kam mir manchmal der Gedanke: „Bin ich überhaupt ein richtiger Pilger?" Natürlich hätte ich nicht sagen können, was ein richtiger Pilger ist. Ich denke, jeder pilgert so, wie es seinem Anliegen, seinem Grad der Entwicklung, seiner Person entspricht. Ich hatte nicht immer ein gutes Gefühl, wenn ich Fußpilger überholte, manchmal bekam ich fast ein schlechtes Gewissen wegen meiner im Vergleich in dem Moment scheinbar „leichten" Fortbewegung. Aber es war nicht leicht für mich, und ich vollbrachte jeden Tag mein Möglichstes. Trotzdem machten die beiden Pilger, die ich am späten Nachmittag in Moissac überholte und die beide leicht humpelten, auf mich einen sehr erschöpften Eindruck.

Von Cabrerets am Le Lot entlang bis Cahors, dort über den Fluss und weiter bis Moissac.
Cahors gefiel mir nicht so gut, es ist wohl schon eine Großstadt und kein idyllisches Städtchen mehr. Ich sah in einem kleinen Park, der einen guten Blick über den Fluss bot, nicht ganz gepflegt gekleidete Männer mit Bierdosen; im Zentrum ging eine sehr beleibte junge Französin mit ihrem sehr dunkelhäutigen Ehemann spazieren, sie schob die Karre mit dem Kleinkind und ihr Ehemann ging ein paar Meter hinter ihr und spielte dabei mit seinem modernen Smartphone.
Großstadteindrücke, auf die ich gern verzichte. Wahrscheinlich aufgrund meiner immer wieder durchbrechenden Vorurteile. Die bekannte Kathedrale mit den Halbkugeltürmen sieht von innen auch nicht so toll aus, denn die Halbkugeln sind von innen „nur" grauer Beton. So kaufte ich mir nur noch ein Stück Kuchen in einer Patisserie und sah zu, aus dieser Stadt wieder herauszukommen, wozu ich aber noch kilometerweit an vielbefahrenen Straßen durch Industriegebiete fahren musste. Das war schon ein Kontrast zum Tal des Le Lot.
In Moissac, nach fast 100 Km Fahrt, kam ich in einer bekannten Pilgerherberge unter, wieder als Einzelperson in einem Dreibett-Zimmer. Deshalb musste ich etwas mehr bezahlen, aber so konnte ich meine verschwitzte Kleidung im Zimmer gut verteilt zum Lüften aufhängen und mich ungestört ausruhen. Zum Übernachten in einer Pilgerherberge braucht man einen Pilgerausweis, eine „Credencial del Peregrino". So kann man sicher sein, dass alle anderen Gäste auch Pilger sind, was für die Kommunikation und die Freundlichkeit untereinander sehr förderlich ist. Der Herbergsvater war sehr fürsorglich und sehr nett, er nahm sich für jeden

Pilger genügend Zeit mit ein paar guten Worten. Und es waren schon nicht wenig andere Pilger anwesend, alles Fußpilger. Wieder war ich der einzige Fahrradpilger.

Abends ging ich noch im Zentrum der Stadt spazieren, besuchte die beeindruckende Kirche und stand beim berühmten Kloster leider vor verschlossenen Türen.

Die Halbkugeltürme der Kathedrale von Cahors

Innenhof der Pilgerherberge „Ancien carmel" in Moissac

Von Moissac bis Lectoure
19.4. - Tag 8

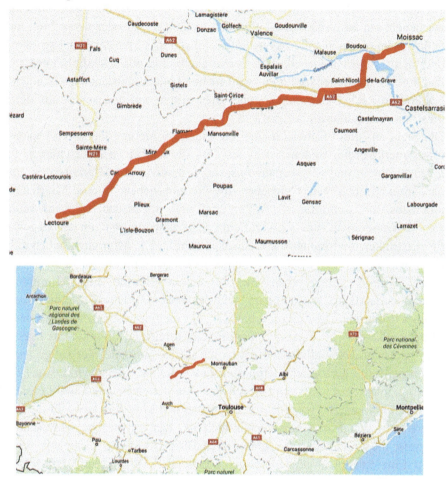

Das berühmte Kloster in Moissac öffnet um 9:00 am Morgen, ich ging trotzdem nicht hinein, denn ich startete bereits um 8:30 und wollte keine halbe Stunde warten. Ich hatte keine Zeit, ich musste ja zum Grab des heiligen Jakobus! Das war meine primäre Priorität!

Moissac schien mir nicht sehr wohlhabend und im Zentrum nicht gut renoviert zu sein, und ich sah viele Migranten. Vermutlich die Nachkommen ehemaliger Gastarbeiter, die ebenso wie in Deutschland während der 60er und 70er Boom-Jahre der Nachkriegszeit angeworben wurden. Irgendwann änderte sich wie bei uns vermutlich auch hier die Industrie und die Menschen wurden nicht mehr wie bisher gebraucht. Die Migranten teilten sich danach auf, einige versuchten weiter zu arbeiten und ihren Lebensunterhalt selbst zu verdienen, einige wenige gingen zurück in die Heimat oder versuchten ihr Glück anderswo, und andere gewöhnten sich daran, vom Sozialstaat zu leben und nichts mehr zur Gesellschaft beizutragen. Und nur deshalb blieben sie und ihre Nachkommen im Land – weil sie hier vom Sozialstaat leben können, Generation nach Generation. Wobei dies primär auf Menschen aus dem muslimischen Kulturkreis zutrifft.

Die Sicht auf diese Entwicklungen ist leider bei meiner deutschen Linken etwas merkwürdig. Erstens ist es so, dass die Linken in Deutschland bei jedem Problem und Missverständnis, das irgendwie mit Migranten zu tun hat, grundsätzlich den Deutschen die Schuld geben. Wenn Migranten arbeitslos sind, wenn die es gewöhnt sind, vom Sozialstaat zu leben, wenn sie ihre Kinder nicht zum Schwimmunterricht schicken, egal um was es geht, für die Linken sind immer die Deutschen schuld. Die Migranten haben aus Sicht der Linken keine Verantwortung, sind immer Opfer.

Diese Linken haben eben nie in einem Betrieb mit Migranten zusammengearbeitet wie ich, man sieht das alles nur ideologisch, nicht aus eigener Erfahrung. Das Hauptproblem ist, das die führenden Linken aus dem Mittelstand, zum Teil sogar aus dem oberen Mittelstand kommen. Sie haben eine ganz andere Sozialisation durchlaufen als der „normale Werktätige", sie haben nicht die persönliche Erfahrung des brutalen Arbeitsmarktes, sehen alles nur ideologisch. Es sind im Grunde die gleichen Leute wie bei den Grünen; die Leute die wissen, wo der Barthel den Most holt bzw. für die ihr Zugriff auf den Most selbstverständlich ist. Der gutsituierte Mittelstand heute ist die Fortsetzung des guten alten Bürgertums der Kaiserzeit. Und ihren Elite-Anspruch gegenüber der arbeitenden Bevölkerung haben sie immer noch. Das fühlen die Menschen der arbeitenden Bevölkerung, wenn sie es vielleicht auch nicht verbalisieren können. Deshalb wird die Linke auch nie Erfolg haben – weil die Linke von Ideologen aus dem Mittelstand geführt wird, die kein Klassenbewusstsein haben. Die haben alles Mögliche, nur kein Klassenbewusstsein, und deshalb werden sie nie Erfolg haben – und das ist auch gut und richtig so.

Warum sollten die Arbeiter wohlsituierte bürgerliche Mittelständler wählen, deren primäre politische Tätigkeit nur im Sprücheklopfen besteht. Denn mehr machen sie nicht – sie klopfen Sprüche, und hoffen darauf, dafür

Stimmen zu kriegen, weiter Sprüche klopfen zu können und weiter davon gut leben zu können. Meine Welt ist das nicht.
Soweit ein kleiner Ausflug in die Politik.
Warum schreibe ich das überhaupt hier? Das hat doch mit meiner Pilgerreise nichts zu tun!
Weil ich diese Gedanken an diesem Tag unterwegs in mein kleines Diktaphon gesprochen habe. Denn natürlich lässt mich unterwegs mein normales Leben nicht los. Alles Mögliche geht mir durch den Kopf. Kindheit, Familie, Frauen, Politik, Arbeit,…

80 Km, zuerst noch angenehm über die Garonne und durch die Garonne-Ebene, wo viel Obst angebaut wird, anschließend durch schweres hügeliges Gelände. In Lectoure kam ich in einer guten privaten Herberge unter, in einem Einzelzimmer mit Gemeinschaftsbad.
Abends leistete ich mir noch ein gutes Essen in einem kleinen, etwas alternativen Restaurant.
Außer dem Inhaber, der in der Küche arbeitete, gab es nur noch eine junge Kellnerin, die ihr Kleinkind dabeihatte, das während ihrer Arbeit in einem Laufstall lag und schlief. Ab und zu wachte es auf und wurde von seiner Mama beruhigt. Mich und die anderen Gäste störte das nicht, im Gegenteil.
Nach dem Ende meines Mahls sprachen mich zwei andere Gäste an, die wohl gemerkt hatten, dass ich kein Franzose war. Die beiden Männer, Franzosen, waren ebenfalls mit Fahrrädern unterwegs, aber nicht als Pilger, sondern als Radwanderer, und sie wohnten in der gleichen Unterkunft wie ich, obwohl ich sie dort nicht gesehen hatte. Sie hatten bei ihrem Arbeitgeber, der staatlichen französischen Wasserversorgung, die Möglichkeit der Frührente genutzt und erkundeten jetzt ihr schönes Land per Fahrrad. Die Angestellten der staatlichen Unternehmen scheinen in Frankreich recht privilegiert zu sein, hörte ich so heraus. Es sei ihnen gegönnt, mit Privilegien ist es aber immer so eine Sache: Was den Inhaber freut, kann bei anderen Kopfschütteln bis Ärger oder noch Schlimmeres auslösen.

Ältere Brücke über die Garonne

Immer geradeaus

Zum ersten Mal: Die gewaltigen Schneegipfel der Pyrenäen in der Ferne

Die Wächterin der Pilgerherberge in Lectoure bei ihrer schweren Arbeit

Von Lectoure nach Nogaro
20.4. - Tag 9

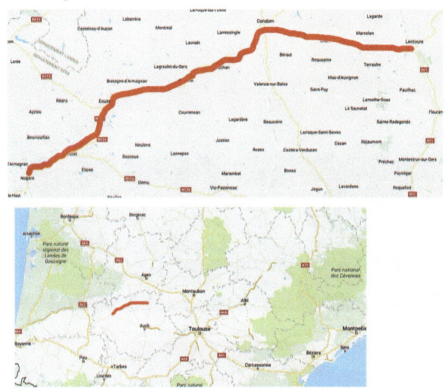

77 Km, in Nogaro kam ich mit Hilfe der Tourismus-Information bei einer privaten Zimmervermietung (bei der schon etwas älteren Marie-Claire) unter. Abends spazierte ich im Ort noch etwas herum und kehrte in einer Pizzeria ein. In der Pizzeria saß eine Frau, die in der gleichen Unterkunft wie ich wohnte und als Fußpilgerin unterwegs war. Ich hätte mich gern mit ihr beim Essen unterhalten, aber die Gute war sehr ablehnend. Es will wohl nicht jeder oder nicht jede die Vorteile meiner Gesellschaft genießen! Damit muss ich leben. Die Pizza war aber sehr gut.
An diesem Tag „betrog" ich unterwegs in Montréal, das liegt zwischen Condom und Nogaro, einen Wirt. Ich hatte in einem Cafe eine Cola getrunken, und beim Bezahlen gab ich ihm einen 10 Euro-Schein, er gab mir aber auf 20 Euro heraus. Ich versuchte zu sagen, dass er mir zuviel zurückgegeben hatte, der Wirt war aber so bestimmend und so überzeugt davon, dass ich ihm 20 Euro gegeben hatte, dass ich es aufgab, dagegen zu

reden. Er war dabei auch nicht sehr freundlich. Und als ich ihn zunächst fragte, was die Cola kostet (Ca coût combien?) verstand er mich nicht! So langsam zweifelte ich an meinen sowieso nur rudimentären Französisch-Kenntnissen. Hoffentlich verstand mich hier noch jemand, wenn ich „Bonjour" von mir gab! In dem Cafe hielten sich noch andere Pilger auf, einige wollten noch weiter bis ins 15 Km entfernte Eauze, das ich später durch-radelte.

Nach dieser misslungenen Bezahlung blieb ein zwiespältiges Gefühl: Irgendwo in mir freute sich ein mieser Kerl über 10 Euro, ein anderer meinte, ich hätte ihm das zu viel gezahlte Geld einfach hinlegen sollen. Das hätte ich auch getan, wenn der Wirt nicht so unfreundlich und abweisend gewesen wäre.

Dekoration an einer Herberge in Condom

In der Stadt Condom – die wollten meine Reifen zerstechen!

Kleine Pause vor einem Kircheneingang

Von Nogaro nach Pau
21.4. - Tag 10

85 Km bis Pau unter erschwerten Bedingungen. Von Nogaro fuhr ich zunächst in westlicher Richtung bis Aire-sur-l'Adour, von dort Richtung Süden auf der D834, der früheren N134 („N" für Nationalstraße).
Die Nummerierung der Straßen in Frankreich ist sehr hilfreich, scheint sich aber manchmal zu ändern. Von der D834 hätte ich irgendwann rechts

abbiegen müssen, denn die Route nach meinem Reiseführer „Radwandern entlang des Jakobsweges" von Bert Tecklenborg lief weiter westlich. Die „richtige" Abzweigung verpasste ich leider, und so entschloss ich mich, weiter auf der D834 immer geradeaus bis Pau zu fahren.

Ab 10 Uhr begann es zu regnen, und es hörte bis Pau nicht mehr auf. Hinzu kamen in der letzten Hälfte meiner Strecke dieses Tages mehrere sehr tiefe Flusstäler, die meine Straße im 90° - Winkel kreuzten. Das hieß: rasante Abfahrten und anschließende anstrengende Anstiege, die ich zum größten Teil schiebend bewältigte.

Pau ist ziemlich groß, vom ersten Vorort bis zum Zentrum mehrere Kilometer, was ich bisher in keiner größeren Stadt mochte. Wer fährt schon gern durch Industriegebiete und Vororte, wenn er ins historische Zentrum zur Touristen-Information will?

Nach der Regen- und Berg- und Tal-Fahrt war ich etwas müde und genervt (in meine Tages-Notizen schrieb ich: „Bin fertig."). Ich war froh, dass die Touri-Info mir ein günstiges Hotel in einem Industrie-Gebiet (!) anbieten konnte. Ein Hotel einer internationalen Kette, in dem es tagsüber keine Rezeption gibt, sondern man sich selbst mit Hilfe seiner Kreditkarte Einlass verschaffen kann. Leider funktionierte es mit meiner Kreditkarte nicht und ich musste noch warten, bis kurz nach 16 Uhr jemand kam.

Aber dann war ich gerettet, konnte meine nasse Kleidung zum Trocknen aufhängen, heiß duschen und mich ins Bett legen! Und da blieb ich bis zum nächsten Morgen. Mein Abendessen bestand zum größten Teil aus meinem Notvorrat, also aus Sonnenblumenkernen.

Ansicht in Pau

Von Pau nach Navarrenx
22.4. - Tag 11

Hatte mich gut erholt beim 13-stündigem Liegen im Hotelbett in Pau! Jetzt fuhr ich den 9. Tag mit dem Fahrrad auf den Straßen des schönen Frankreich, da brauchte ich eine kleine Pause oder wenigstens einen Tag mit nicht ganz vollem Kilometer-Programm, und so bin ich nur 50 Km bis Navarrenx gefahren. Von Pau zunächst südlich und parallel des Flusses Gave du Pau bis Mourenx und dann ins Land hinein gen Süden, mit Berganschieben dabei. Schließlich bin ich hier im Baskenland mit seinen „Hügeln", aber es kommen ja noch die Pyrenäen…
In Navarrenx kam ich in der kommunalen Pilger - Gîte unter, für 12 Euro ein Bett im Vierbettzimmer. Diese Unterkunft konnte ich überraschenderweise

in einer Bar buchen, in der ich zunächst nur einen Kaffee trinken wollte. Die Herberge lag im zweiten Stock eines älteren Mehrfamilienhauses, mein Gepäck und auch mein Fahrrad schleppte ich nach oben. In der Herberge gab es zwei Waschmaschinen, eine Küche, Sanitärräume und Schlafräume natürlich. Es waren aber nur wenige Pilger anwesend.

Mein Zimmer teilte ich mit zwei französischen Brüdern in meinem Alter, sie waren etwas wortkarg, aber nachts sehr ruhig und leise, so dass ich im durchaus bequemen kommunalen Bett ganz gut schlafen konnte. Einer der beiden hatte Probleme mit einem Fußgelenk und wollte seinen Weg abbrechen, der andere allein weitergehen.

Am frühen Abend ging ich noch im Ort spazieren, suchte noch die Kirche auf, fand anschließend ein Restaurant, in dem ich ein warmes Gericht essen konnte. Worin dies bestand, ist leider aus meinem Gedächtnis verschwunden. Nur an das Bier („Une pression, s. v. p.") kann ich mich noch erinnern. Navarrenx ist ein kleines, nettes, überschaubares Städtchen, mit älteren Häusern, kleinen Gassen, in der Größe, die mir meistens gefällt. Und ich war hier nach meinem Umweg über Pau wieder mit der Route meines Reiseführers „Radwandern entlang des Jakobsweges" d'accord.

Eine sichere Garage für mein Vélo im Aufenthaltsraum der Pilgerherberge

Schallplatten- und Bücherladen in Navarrenx mit etwas antiken Produkten

Hauptverkehrs-Straße in Navarrenx

Sehr schönes kleines Schild, das der Pilger immer wieder gern sieht

Von Navarrenx nach St Jean Pied-de-Port
23.4. - Tag 12

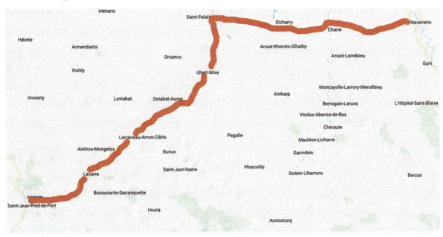

Die Pilgerherberge in Navarrenx musste ich bis spätestens 9 Uhr verlassen, mit einem Frühstück konnte ich mich dort auch nicht verwöhnen. Also gleich als Erstes in die Bar zu Kaffee und Croissant.
Dort saßen oder standen bereits Franzosen, die wie Handwerker aussahen. Finde ich nicht übel, vor der Arbeit in einer Bar noch einen Espresso zu trinken und dabei ein bisschen mit Mitmenschen zu plaudern.

55 Km bis St Jean Pied-de-Port geradelt, dort in einem guten Hotel bereits um 14 Uhr eingecheckt. Das kleine Hotel, das ich mit Hilfe der Touristen-Information fand, wurde von einem Engländer betrieben, der nur Englisch sprach und selbst auch in dem Haus wohnte.
Ich hatte von ihm den Eindruck eines intellektuellen Lebenskünstlers, der

sich mit der Beherbergung von Gästen über Wasser hielt.
Das Städtchen ist sehr auf Pilger eingestellt, denn es ist die letzte Station für Pilger in Frankreich vor der spanischen Grenze, mit vielen Gîtes (Unterkünften) und Herbergen. Am Nachmittag bildete sich sogar eine Schlange von gerade angekommenen oder hier startenden Fußpilgern vor dem Büro der Jakobs-Gesellschaft. Ich war bereits vor dem großen Andrang dort, hatte mir meinen Pilger-Stempel geholt und mich über den weiteren Weg beraten lassen. Sehr kompetent übrigens, ich bekam u. a. noch diverse Zettel mit Adressen und Telefonnummern von Pilgerherbergen in Spanien mit.
Beim Anblick der vielen anderen Pilger, die alle zu Fuß pilgerten (ich sah keine anderen Fahrradpilger), kamen mir wieder (hoffentlich war es das letzte Mal!) die Gedanken: Das wochenlange Pilgern zu Fuß ist doch etwas anderes als mit dem Fahrrad unterwegs zu sein. Noch mehr in der Natur und ihren Schwierigkeiten, der schwere Rucksack, mehr Mühe und Zeitaufwand. Zum wiederholten Mal fragte ich mich: Bin ich überhaupt ein richtiger Pilger? Ich hatte leider immer noch keine Ahnung, was ein richtiger Pilger ist, aber auf jeden Fall wollte ich nach Santiago, zum Grab des Heiligen Jakobus – weil ich es versprochen hatte!
Meine Zweifel wurden wohl auch deshalb genährt, weil ich meistens recht bequem in Hotels übernachtete, was für mich einen wesentlich größeren Komfort und Erholungswert bedeutete als das Übernachten in Mehrbettzimmern von Pilgerherbergen. Dadurch hatte ich auch weniger Kontakt zu anderen Pilgern, was mich aber nicht so richtig störte, denn ich bin unterwegs in Landschaft und Natur gern allein und Kontakt zu anderen Menschen ist mir oft zu anstrengend.
Also auf nach Spanien! Bisher war ich in diesem Jahr in Frankreich von Le Puy en Velay bis St Jean Pied-de-Port genau 713 Km gefahren – da würde ich die restlichen 800 Km in Spanien doch auch noch schaffen. Ich war sehr zuversichtlich und selbst meine Pyrenäen-Bergan-Angst hatte sich verflüchtigt.
Gedanken unterwegs: Hier in den Bergen ist die Motorisierung wirklich ein Segen. Wie sollte man sich sonst hier fortbewegen? Hier fährt niemand mit dem Fahrrad, das wäre viel zu beschwerlich. Das Leben hier in diesem bergigen Land mit Auto ist schon ein Stück Freiheit und Unabhängigkeit. Es bedeutet Lebensqualität. Sicher gibt es auch einen öffentlichen Nahverkehr mit Bussen, und vielleicht Lebensmittelverkäufe durch motorisierte Händler,

aber ein eigenes Auto bedeutet wirkliche Bewegungsfreiheit.
(Da kam wohl mal wieder der ehemalige Verkehrs-Amateur-Politiker in mir durch...)

Kreuz für Pilger kurz vor St Jean Pied-de-Port, mit zweisprachiger Schrift (Französisch und Baskisch)

Baskenland

Andrang vor dem Büro der Jakobsgesellschaft in St Jean Pied-de-Port

Mein Weg im Frühjahr 2016 in Spanien – 880 Km

Weiter in Spanien - mit Hilfe meines Reiseführers „Radwandern entlang des Jakobsweges" folgte ich dem „Camino Frances", der auf der französischen Seite der Pyrenäen in St. Jean Pied de Port beginnt (jedenfalls für sehr viele Pilger, historisch beginnt der Camino Frances erst in **Puente la Reina**) und in Santiago de Compostela endet.

Mein (Rad-) Weg und der Camino liefen manchmal parallel, kreuzten sich, entfernten sich voneinander und fanden sich manches Mal auch auf der gleichen Straße.

Von St Jean Pied-de-Port nach Pamplona
24.4. - Tag 13

Ich fuhr bereits vor neun Uhr ab, es regnete zunächst etwas, das wurde schnell mehr, so dass ich unter dem Vordach eines Restaurants gleich mein Regenzeug anzog. Also Abschied vom schönen Frankreich, auf nach Espanha – über den Ibaneta-Pass.
Endlich brauchte ich mich nicht mehr mit Französisch zu quälen, und Spanisch kann ich noch weniger, nämlich gar nicht! Vielleicht würde mein kleines Touristen-Wörterbuch Deutsch-Spanisch ja ausreichen. Wenige wichtige Worte hatte ich mir natürlich gemerkt: Guten Tag – Buen dia, Danke – Gracias, nein – no, ja – si, Auf Wiedersehen – adios!
Die Verständigung in Spanien war dann allerdings nie ein Problem. Es ging immer gut, meistens mit Englisch, manchmal mit Zeichensprache.

Ich fuhr nach meinem Reiseführer die alte Nationalstraße D933, in Spanien N135, Richtung Pass, nicht den „offiziellen" Pilgerweg, der vielleicht für Mountainbike-Fahrer zu bewältigen ist (was ich aber nicht weiß), aber nicht für mein Tourenrad mit den schmalen Reifen. Es ging zunächst mäßig bergan, dann wurde es immer steiler, und ich schob mein Fahrrad die Serpentinen zum Pass hoch. Es regnete viel, ich hörte meistens Wasserrauschen von kleinen Wasserfällen und Bächen, weiter oben wurde es recht kalt, und ich schob und schob, hoffte weit oben bei jeder Kurve, dass es endlich aufhört und der Pass zu sehen ist. Über drei Stunden schob ich ununterbrochen bergan, um 13 Uhr erreichte ich den Pass. Der Ibaneta-Pass lag „in den Wolken"…

Beim über dreistündigen Bergan-Schieben geriet ich in einen merkwürdigen Zustand. Ich verlor das Zeitgefühl, schob nur noch mein gutes Vélo bergan, (fast) ohne zu denken, bestand nur noch aus heftiger Atmung, gehenden Beinen und schiebenden Armen. Andere nennen diesen Zustand vielleicht Meditation oder Trance. Ich funktionierte wie eine Maschine.
Autos fuhren nur ganz selten an mir vorbei. Unterwegs traf ich einen Wanderer, vermutlich ein Fußpilger, da er einen Pilgerstab dabeihatte. Er lehnte sich an die blecherne Schutzplanke der Straße und war dabei, einen Keks zu essen. Merkwürdig war: Er hatte einen total vergeistigten Gesichtsausdruck, der mich sehr beeindruckte. Ich schob nicht einfach vorbei, sondern hielt bei ihm, grüßte ihn und fragte, woher er käme. Er sagte auf Englisch, er käme aus Amerika. Sehr gesprächig war er nicht, und so ging ich zügig weiter.
Es kann im Leben vorkommen, dass man freundlich auf Menschen zugeht, diese aber aus unbekannten Gründen an Kommunikation nicht interessiert sind. Das sollte man nicht persönlich nehmen.
Als ich mich am Beginn der nächsten Kurve umdrehte, war er verschwunden. Entweder ging er „querfeldein", also geradeaus durch den Wald von Serpentine zu Serpentine, oder…ich hatte eine Halluzination gehabt. Was ich im Nachhinein kurz danach und auch jetzt aber nicht glaube. Er war wohl allein im Wald bergan unterwegs.
Kurz vor dem Pass traf ich noch drei junge Leute mit Fahrrädern, die eine Pause machten. Sie kamen entweder aus Holland oder England, ganz klar war das nicht. Wurde mir jedenfalls nicht klar, ebenso wie ich auch nicht erkannte, ob sie Pilger waren oder Fahrradwanderer. Ich war nur froh, endlich mal jemand mit Fahrrädern zu treffen und mit ihnen zu reden. Da ich sie zu Fuß, schiebend, einholte, vermutete ich, sie würden auch bergan schieben. Es stellte sich nach unserer kleinen Unterhaltung aber heraus, dass sie fuhren, im kleinsten Gang mit sehr hoher Trittfrequenz, was mir zu anstrengend war. Ich schob fast genauso schnell wie sie radelten, und kurz vor dem Pass holte ich sie fahrend auf einem nicht ganz so steilen Abschnitt wieder ein. Die Jüngste der Gruppe war ziemlich fertig und erschöpft, was ich nur zu gut verstand. Es ist eine riesengroße Leistung, mit dem Fahrrad von St Jean Pied-de-Port zum Ibaneta-Pass hochzukommen. Und ich hatte es geschafft! Ein gutes Gefühl, oben zu sein, diesen Abschnitt des Weges nach Santiago bewältigt zu haben.
Wer das schafft, der schafft es auch bis Santiago de Compostela!

Nach dem Pass ging es auf der spanischen Seite schön bergab, im ersten Ort Roncesvalles genoss ich in einer Bar einen guten Kaffee, anschließend fuhr ich weiter Richtung Pamplona. Schieben musste ich noch einmal zwischendurch beim Anstieg zum Alto de Erro, danach ging es wunderbar bergab oder eben bis Pamplona. Und das Wetter auf der spanischen Seite wurde im Laufe des Nachmittags immer besser. 77 Km schaffte ich an diesem Tag. Jetzt war ich in der spanischen Provinz Navarra.

Pamplona ist eine Großstadt mit hässlichen Vororten (was sicher Geschmackssache ist), Industriezonen, und ein teilweise schönes, teilweise hässliches Zentrum. Vielleicht war ich noch etwas verwöhnt von den schönen kleinen französischen Städtchen. Das historische Zentrum ist im Verhältnis zur gesamten Stadt auch sehr klein. Aber immerhin gibt es in Pamplona knackiges Weißbrot (Bocadillo genannt), ähnlich dem französischen Baguette, mit geräuchertem Schinken! Obwohl ich normalerweise kein Fleisch esse, gönnte ich mir im Zentrum von Pamplona nach dem Einchecken im Hotel zwei Bocadillos mit Schinken.

Das Hotel im Zentrum war sehr teuer (aber auch sehr gut), das mit Abstand Teuerste meiner ganzen Reise mit 82 Euro für die eine Nacht. Aber: Ich war zu erschöpft, um weiterzusuchen, und: An diesem Tag hatte ich Geburtstag! Ich wurde 64 Jahre alt – und hatte an meinem Geburtstag die Pyrenäen überquert! Genau das richtige Alter, um über drei Stunden ein Fahrrad bergan zu schieben, wie ich leicht angeberisch in meinen Tagesnotizen festhielt.

Und zum Abschluss dieses besonderen Tages gönnte ich mir noch zwei Bier in der Hotelbar.

So lernte ich noch ein bisschen spanische Barkultur kennen. In der Bar spielten sie Musik, die mich an die sogenannte „progressive Rockmusik" meiner Jugend erinnerte. Ein guter Abschluss eines guten Tages.

Alter Grenzübergang, heute nur noch ein paar verstaubte Gebäude

Fußpilger bitte links

Kurz vorm Pass sieht man ab und zu noch Schnee

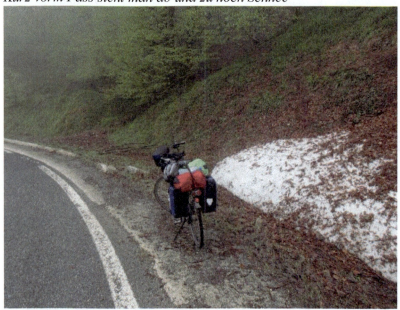

Geschafft!

Tiefhängende Wolken am Pass

Modernes Pamplona – Wohnhäuser am Stadtrand

Denkmal für die jährlich stattfindende berühmte Fiesta

Gasse im historischen Zentrum

Von Pamplona nach Estella
25.4. - Tag 14

Am Morgen besuchte ich noch die Kathedrale in Pamplona, die mir trotz sichtbarem großen Reichtum gefiel.
Anschließend erwies es sich als schwierig, aus Pamplona herauszukommen und den richtigen Weg zu finden. Denn die Straße aus dem Zentrum heraus nach Estella wurde zur Autobahn, verweigerte mir so ihre Benutzung und die vorhandenen Wegweiser an den Landstraßen zeigten mir nicht die Richtung nach Estella. Ich fuhr nach Gefühl und Himmelsrichtung und verfuhr mich dabei etwas. Die Straßen in Spanien haben auch keine

Nummern wie in Frankreich, Zahlen, die man auf der Straßenkarte wiederfinden kann. Ich ärgerte mich ziemlich - was mir aber überhaupt nichts nützte. Außerdem hätte ich mich ja besser informieren können.
Es kann vorkommen, dass man den richtigen Weg verpasst oder vom richtigen Weg abkommt. Oder Umwege machen muss. Manchmal ist es auch richtig umzudrehen und es auf einem anderen Weg zu versuchen, zu schnell aufgeben sollte man allerdings nicht. Zuversicht und Vertrauen auf das Wiederfinden des richtigen Weges können dabei nicht schaden.
65 Km bis Estella, viel mehr hätte ich nicht schaffen können an diesem Tag, meine Beine schienen noch etwas müde vom Vortag mit dem Anstieg zum Ibaneta-Pass zu sein. In Estella legte ich mich am späten Nachmittag in meinem Hotelzimmer auf das Bett und schlief sofort ein.
Estella ist eine schöne Stadt, wie ich beim späteren abendlichen Spaziergang sah, mit engen Gassen, vielen kleinen Läden mit durchaus speziellen Angeboten. Abends im Hotel-Restaurant konnte ich noch ein gutes Essen mit drei Gängen zu mir nehmen, für 12 Euro. Im Restaurant spielten sie Musik von J.J. Cale, meine Musik von vor 40 Jahren. Merkwürdig…, aber auch gut. Und zum Abschluss dieses Pilgertages bekam ich per Skype noch etwas Unterstützung von zu Hause – perfekt!

Landschaft zwischen Pamplona und Estella

Pause in der Kirche von Puente la Reina (ein sehr schönes Städtchen)

Berühmte Brücke über den Rio Ega in Estella

Ein Stück des alten gepflasterten Pilgerweges - für schnelle Fahrräder nicht geeignet

Von Estella nach Najera
26.4. - Tag 15

Kurz nach dem Start aus Estella musste ich mal wieder etwas bergan schieben, oben angekommen traf ich an einer Bushaltestelle einen Fußpilger, einen Italiener. Er wartete dort auf einen Bus, wollte aufgeben, sein Bein hielt nicht mehr durch. Er zeigte mir noch sein Knie, an dem er bereits eine Manschette trug. Ja, der Weg ist hart, nicht nur physisch, auch psychisch. Das hatte ich selbst im Vorjahr zu spüren bekommen. Jetzt war ich aber schon so weit gekommen, dass ich mir den Rest des Weges ohne Weiteres zutraute. Ich würde bis Santiago de Compostela fahren, das war völlig klar. Unterwegs in einem Dorf machte ich bei einem kleinen Laden halt, kaufte mir einen Kaffee und etwas Obst. In diesem Krämerladen gab es alles Mögliche, Lebensmittel, Getränke und Haushaltsgeräte. Der Inhaber war ein älterer Mann, und sein junger Sohn, offensichtlich arbeitslos, war auch anwesend. Ich hatte den Eindruck, dass er seinem Vater eine Cola abschnacken wollte.

Vielleicht vergessen wir Pilger zu oft die sozialen Probleme hier im Land. Sehen nur die schöne beeindruckende Landschaft und die schönen Städte und Dörfer; wir sind ja auf dem Camino, sehen z. B. nicht die hohe Arbeitslosigkeit, besonders unter jungen Menschen. Keine Arbeit, keine Ausbildung, und was macht man da im jugendlichen Alter? Man hängt rum mit anderen in der gleichen Lage. Wenn man mal etwas Geld hat, trinkt man des Abends mit den anderen, vielleicht kifft man auch ab und zu…Was wäre die Lösung? Vielleicht das Dorf verlassen, wie ich selbst ehemals als junger Mensch? Aber ich hatte eine Ausbildung in einem Metallberuf und es gab noch nicht die Massenarbeitslosigkeit wie jetzt. Sollten die jungen Spanier auf die politische Linke setzen? Aber da mischen ja die Jungen aus der Arbeiterklasse nicht mit, sondern die Jungen aus dem akademischen Mittelstand haben das Heft in der Hand – und damit ist diese Alternative für junge Menschen wie den Sohn des Tienda-Besitzers schon gestorben. Das dürfte in Spanien nicht anders sein als in Deutschland. Trotz meiner linken politischen Prägung fällt mir keine Lösung ein. Hoffentlich kann er irgendwann die Tienda seines Vaters übernehmen, immerhin sind hier mit den Pilgern auch potentielle Kunden vorhanden.

Unterwegs durchquerte ich die Großstadt Logrono ohne mich lange dort aufzuhalten, die Stadt war mir einfach zu groß. Viel Autoverkehr auf den Hauptstraßen. Herauszukommen war nicht einfach, denn die in meinem Reiseführer genannte Straße stellte sich als autobahnähnliche vierspurige Autovia heraus. Da ich kein Verbotsschild für Fahrradfahrer sah und ziemlich wütend über die schlechte Versorgung mit einer guten Fahrradstraße für mich durch den spanischen Staat war, entschloss ich mich, den Standstreifen dieser Autostraße zu benutzen. Der Gipfel war, dass die Autovia kurz nach meiner Auffahrt auch noch sechsspurig wurde! Autos und Lastwagen donnerten mit hoher Geschwindigkeit an mir vorbei, ich schwitzte stark vor lauter Anstrengung durch mein schnelles Fahren und meine ängstliche Aufregung. Selbst die Policia fuhr an mir vorbei ohne mich zu sanktionieren! Ich war heilfroh diese Riesenstraße an der erstmöglichen Ausfahrt wieder verlassen zu können. Kein schöner Pilgerweg, sondern ein Weg, den man (in diesem Fall ich) schnell verlassen sollte.

Nach 85 Km kam ich in Najera an, die Pilgerherberge war „complet", die Managerin der Herberge gab mir einen Tip zu einem Hotel, in dem ich dann unterkam. Leider kein Frühstück inklusiv, ich konnte aber ein gutes kleines Frühstück am nächsten Morgen in einem Café zu mir nehmen.

Landschaft

Landschaft

Kleine Tienda in einem Dorf

Eine berühmte Stempelstelle kurz vor Logrono

An dieser Autovia, die sich hier von sechs auf vier Fahrspuren reduziert, fuhr ich auf dem Standstreifen!

Ansicht in Logrono

Von Najera nach Burgos
27.4. - Tag 16

Den ganzen Tag fuhr ich am Rand der N120, bis nach Burgos kamen 95 Km zusammen. An der N120 fuhr es sich ganz gut, wenn die neue Autobahn parallel bzw. direkt daneben verlief, weil dann fast kein Verkehr auf meiner Straße war; und nicht ganz so gut, wenn keine Autobahn in der Nähe war. Ich gewöhnte mich aber ein bisschen an den Verkehr, es war auch immer ein Randstreifen vorhanden, und LKW-Fahren ist immerhin eine ehrliche Arbeit (mit diesem Gedanken erhöhte ich meine Toleranz gegenüber den Lastwagen, die an mir vorbeifuhren).

Am Vormittag traf ich einen Fußpilger aus Indien, der mit einer Art Wägelchen am Rand der N120 entlangwanderte. Er war in St Jean Pied-de-Port gestartet und pilgerte wegen der kleinen Räder seines Wägelchens lieber auf Straßen und nicht den offiziellen steinigen Camino. Wir unterhielten uns kurz, ich hielt ihn für ziemlich mutig, so zu pilgern.

„Bon Camino" wünschte ich ihm zum Abschied noch einmal.

Das rief ich fast immer den Fußpilgern zu, wenn ich an ihnen vorbeifuhr. Worauf sie mir zuwinkten oder mir ebenfalls „Bon Camino" wünschten. Seit Pamplona waren mehr Pilger sichtbar unterwegs als in Frankreich, viele starten anscheinend in St Jean Pied-de-Port oder Pamplona. Und einige Pilger, in der Regel ältere Frauen, gehen auch mit kleinem Gepäck, d. h., mit kleinem Rucksack; vermutlich sind sie mit einem Bus transportiert worden und werden auch irgendwo von einem Bus wieder eingesammelt und zu ihrer Unterkunft gefahren. Ja, so kann man auch pilgern, obwohl mir das mehr wie wandern erscheint. Jedenfalls ein riesengroßer Kontrast zu dem alleinpilgernden Inder, der sein Gepäck allein mitschleppt und vielleicht im Freien übernachtet. Wenn deutsche Frauen einer Kirchengemeinde mit einem Bus transportiert werden und einige Stunden am Tag auf dem Camino spazieren gehen, dann hat das doch wenig mit Pilgern zu tun, dachte ich mir in meiner neuentwickelten Pilger-Überheblichkeit.

Am Tag durchquerte ich die Stadt Santo Domingo de la Calzada, dort trank ich in einem Café in der Fußgängerzone einen Kaffee und ich besichtigte die Kathedrale. Der Gipfel war: Für das Betreten der Kathedrale wurde ein Eintrittsgeld verlangt! 4 Euro kostete der Spaß, das einzige Mal, das ich für das Betreten einer Kirche bezahlen musste. Der in der Kathedrale ausgestellte Reichtum war wirklich extrem, viel Gold; ich dachte: Man kann es auch übertreiben. Und wo kam das Gold her? Wahrscheinlich doch aus einer ehemaligen spanischen Kolonie, wo die Ureinwohner es sicher nicht freiwillig aus der Erde geholt und den Spaniern übergeben haben. Aber die Spanier werden schon wissen, was sie tun…hoffentlich.

Später im Lauf der N120, hinter der Ortschaft Villafranca Montes de Oca, schikanierte mich noch ein Berg, der mich zum 45-minütigen Schieben zwang. So waren die 95 Km dieses Tages durchaus geeignet, mich in einen Zustand von Erschöpfung zu versetzen.

In Burgos war die erste Herberge die ich ansteuerte gefüllt, „complet", und ich suchte mir ein Hotel. Dieses Hotel kannte ich bereits von einem kurzen Aufenthalt vor einigen Jahren, dort bekam ich für 50 Euro ein sehr gutes Zimmer. Der Handtuchtrockner im Bad funktionierte, so dass ich mal wieder einen Teil meiner Kleidung waschen und trocknen konnte.

Dieses Hotelzimmer fand ich ganz ohne Hilfe der Tourismus-Information, diese lag im Zentrum etwas versteckt und war schlecht ausgeschildert. Und sie unterstützten mich dort auch nicht so gut wie bisher gewohnt bei der Zimmersuche. Sie durften mir keine Hotelpreise nennen und sie riefen auch keine Hotels als Service für Reisende an („It's not allowed to make reservations")! Da hatte ich in Frankreich einen wesentlich besseren Service bekommen. Ich hoffte, dass es nur in Burgos so unfreundlich war.

Abends ging ich noch im Zentrum spazieren, nahm in einem kleinen einfachen Restaurant ein Pilgermenue zu mir, besuchte die Kathedrale und bekam einen Stempel in einem Kirchenbüro.

Mein Weg an diesem Tag

Gold in der Kathedrale von Santo Domingo de la Calzada

Der Camino geht nicht immer durch schöne Natur...

Kathedrale in Burgos

Erschöpfter Pilger in Burgos

Von Burgos nach Fromista
28.4. - Tag 17

Aus Burgos kam ich gut heraus (das ist bei großen Städten nicht immer einfach), der Tag wurde sonnig, die Berge und Hügel hielten sich in Grenzen. Die Fahrt über die kastilische Hochebene mit kleinen Dörfern und Städtchen war sehr schön, meistens ebenes Gelände, das Hotel in Fromista war gut…was will der Fahrradpilger mehr? (Außer noch des Abends nach Hause skypen…)
80 Km gut abgeradelt.
Im Hotel St. Martin in Fromista, direkt am Marktplatz in diesem überschaubaren Ort, das mich mit einem „Bicigrino" – Schild angelockt hatte, war ich sehr gut aufgehoben, für 38 Euro. Abends konnte ich noch ein gutes Pilgermenue im Hotel zu mir nehmen, anschließend besichtigte ich die sehenswerte restaurierte Basilika, in der ich an einer Führung teilnehmen konnte.
Wie stark das Christentum die europäische Kultur geprägt hat, wird mir u. a.

bei solchen Gelegenheiten bewusst. Als ehemaliger Kirchengegner und Atheist habe ich mich früher mit solchen Gedanken nicht beschäftigt, heute sehe ich vieles anders. Die Geschichte des Christentums als weltliche und religiöse Macht ist schon zwiespältig, aber anscheinend ist es doch die Religion, die für religiöse und spirituelle Grundbedürfnisse der Menschen ein Angebot hat. Wer macht das sonst noch? Und auf meinem Pilgerweg mache ich oft die Erfahrung, dass es in den Kirchen sehr viele nette Menschen gibt, die sich viel Mühe geben Gutes zu tun. Von der Verbundenheit der Pilger untereinander und dem „Pilgerspirit" einmal ganz abgesehen.

Gedanken unterwegs:

Gebete! Es tut einfach gut, seine innersten Wünsche, Sorgen, Bestrebungen, Gedanken, in Worten auszudrücken, am besten geht das natürlich in einer entsprechenden Umgebung, allein in der eigenen Wohnung, in einer Kirche, in der Natur. Die Religionen kennen die gute Wirkung eines Gebetes auf den Betenden schon lange. Sein Innerstes zu verbalisieren, in Worte zu fassen und diese Worte auszusprechen oder auch nur zu denken, kann zu mehr Klarheit, zur Entlastung, zu mehr Verbundenheit, auch zu einer Entspannung führen.

Mit einem Glauben an einen personalisierten Gott hat das nicht unbedingt etwas zu tun, das ist zwar meistens der Rahmen, den die Religionen bieten, aber: Beten geht auch ohne Götter. Obwohl diese dabei auch nicht schaden. Die Religionen haben in Jahrhunderten erkannt, was Menschen guttut oder ihnen guttun kann und in ihr Programm aufgenommen. Ja, Gebete sind etwas dem Menschen Nützliches und das gilt auch für Atheisten. Leider verbinden viele Atheisten das Beten mit Religion und lehnen es daher ab. Schade für sie. Das ist so, als ob man Stille ablehnt, weil es in Kirchen oft sehr still ist, jedenfalls außerhalb der Gottesdienste.

Religionen haben menschliche Bedürfnisse kultiviert und in eine entsprechende praktische Ausübung aufgenommen, das heißt aber nicht, dass die Befriedigung dieser menschlichen Bedürfnisse sinnlos ist oder als Teil einer abgelehnten Religion ebenfalls abgelehnt werden sollte.

Auf meinen Reisen habe ich oft Dankgebete „gedacht", so fing ich an zu beten. Dankgebete für gutes Reisen, ohne gravierende körperliche Einschränkungen, ohne Unfälle, für sicheres Reisen, für gute Unterkünfte.

Diese Gebete haben mir geholfen. Sie haben meinem Geist geholfen, das wochenlange Reisen zu ertragen und auszuhalten

Die anderen Hotelgäste in dem schönen Hotel in Fromista waren auch durchweg Pilger, die den Komfort dieses Hotels zu schätzen wussten. Es geht doch nichts über ein eigenes Zimmer mit eigenem Bad nach einem anstrengenden Tag.

Am Vormittag sah ich unterwegs ein Straßenschild mit einem interessanten Hinweis: Noch 514 Km bis Santiago de Compostela! Na und? Ist doch kein Problem…

Landschaft

Unterwegs – in dem VW-Bus gab es einen Stempel gegen eine kleine Spende

Der Camino – als Fahrradpilger konnte ich den Berg umfahren

Immer geradeaus und (fast) eben...

Teil eines alten kastilischen Bewässerungskanals

Kastilische Ebene mit schneebedeckten Berggipfeln im Hintergrund

Bicigrino! Das erste Mal werde ich als Fahrradpilger angesprochen! (Schild am Hotel in Fromista)

Von Fromista nach Sahagun
29.4. - Tag 18

65 Km fuhr ich an diesem Tag, was mir eigentlich etwas zu wenig war.
In Sahagun steuerte ich sofort das weithin sichtbare moderne „Kongress-Hotel" (Hotel Puerta de Sahagún) am Ortseingang an und checkte dort für 35 Euro ein. Ich hätte noch weiter in das Städtchen hineinfahren können, aber meine Angst, kein Zimmer zu bekommen, hatte mich mal wieder gepackt.
Bisher habe ich auf meiner Reise immer eine Unterkunft gefunden, und trotzdem packt mich am späten Nachmittag oft die Panik: „Ich finde vielleicht kein Zimmer – was dann?" Diese Angst ist umso größer, je erschöpfter ich bin. Und ich bin am späten Nachmittag manchmal wirklich sehr erschöpft. So bin ich immer froh und erleichtert, wenn ich ein Zimmer gefunden haben. Das gibt mir Sicherheit und Schutz.
Gegen Mittag hatte ich an einem Rastpunkt mit Sitzbänken einen jungen Mann getroffen; ich wollte mich kurz auf einer Bank etwas ausruhen und wir

kamen ins Gespräch, auf Deutsch. Denn er kam aus Bremerhaven, und er erzählte mir, dass er Elektro-Ingenieur sei und seinen Job gekündigt hatte, um den Jakobsweg zu machen und danach noch weiter gen Süden zu reisen. Er hatte einen sehr schweren Rucksack dabei, wohl an die 20 Kg, mit Zelt und Schlafsack und Gitarre. So war er unabhängig von Unterkünften, er schlief in seinem Zelt irgendwo in der Natur.

Er war sehr kontaktfreudig, fröhlich und hatte schon viele Leute auf dem Weg kennengelernt, was sich schnell zeigte als andere Pilger an uns vorbeigingen. Vermutlich trafen sich Fußpilger des Abends oft in den gleichen Orten und Herbergen wieder. Er meinte, außer seinem früheren Job müsste es noch etwas anderes geben, deshalb hätte er sich auf den Weg gemacht. Vielleicht hatte er recht. Ich als supersolider Mensch dachte sofort an die Gefahr des Alkohols, denn er hatte eine Brickpackung mit Rotwein neben sich, und ich vermutete, dass er jeden Abend Wein oder Bier trank. Vielleicht waren das aber auch nur meine Vorurteile. Den Spaß, den er offensichtlich hatte, gönnte ich ihm, und so eine Reise macht man wohl nur einmal im Leben. Sicher gibt es bei einem solchen Tramperleben auch Gefährdungen, wie zum Beispiel zu wenig Spiritualität. Oder zu wenig feste Beziehungen, denn der Mensch ist ein soziales Wesen. Und ein junger Mann braucht Freunde und auch: eine Freundin. Aber: Vielleicht schloss ich mit meinen Befürchtungen nur mal wieder von mir selbst auf andere.

Zum Abschied sagte ich ihm, er solle gut auf sich aufpassen und wünschte ihm einen guten Weg: Bon Camino. Bon Camino – geh Deinen Weg.

Am späten Nachmittag ging ich in Sahagun in das Zentrum, trank einen Kaffee und traf dabei auf eine Fußpilgerin in Badelatschen – mit Pflastern an den Füßen. Blasen scheinen ein wirkliches Problem für Fußpilger zu sein.

In einem Restaurant nahm ich ein gutes Pilgermenue zu mir, mit einem Glas Rotwein. Dabei kam ich mit einem älteren deutschen Ehepaar ins Gespräch, die hier als Touristen unterwegs waren. Sie erzählten mir, dass sie mit der Bahn in Spanien herumreisten, ohne festen Plan und festes Ziel, sie blieben immer nur eine Nacht in einer Stadt und fuhren am folgenden Tag per Bahn in die nächste Stadt. So kann man auch gut reisen, wenn man viel Zeit und genügend Geld hat.

Ein Tag mit viel Kontakt, und abends als Sahnehäubchen noch eine schöne SMS von Zuhause!

Begegnung

Jahrhundertealte Kirchenkunst

Gewaltige Berge im Hintergrund

Von Sahagun nach Hospital de Orbigo
30.4. - Tag 19

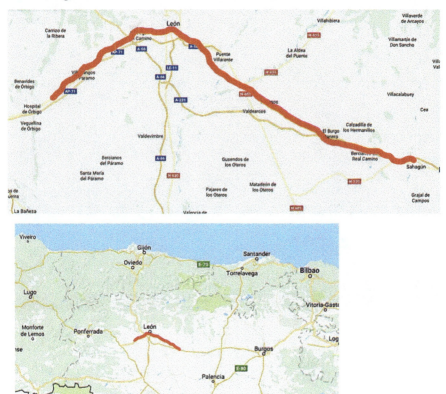

Nachts im Hotel in Sahagun träumte ich von Ronja, unserer früheren Familien-Mischlings-Hündin. Ein Hund kann einem Menschen sehr viel geben, und ich war und bin gern mit Hunden zusammen.
Im Buch eines Fahrradpilgers hatte ich vor meiner Reise gelesen, das Hunde für Fahrradpilger ein Problem sein könnten. Gerade in kleinen Dörfern könnte es passieren, dass Hunde neben dem Fahrrad herlaufen und nach den Beinen des armen Pilgers schnappen. Der Autor hatte sogar empfohlen, ein Anti-Hunde-Spray mitzunehmen, was ich selbstverständlich nicht gemacht habe. Und ich selbst kann das Problem auch nicht bestätigen. Die Hunde, die unterwegs irgendwo auf mich zukamen, waren nur neugierig und ließen sich von mir streicheln. Allerdings hatte ich auch keine Angst vor ihnen, sondern

freute mich über die Begegnung. Das mal ein Hund auf einem eingezäunten Grundstück bellend am Zaun entlang läuft, kann natürlich passieren.
90 Km radelte ich, und das nur an der N120 bzw. der N601. Bis auf einen Ausflug in das Zentrum der Großstadt Leon. Leider war die Kathedrale geschlossen, und die Touristenzentrale schloss pünktlich vor meinen Augen um 14 Uhr, denn ich kam dort genau um 14 Uhr an. Leon ist eine Großstadt mit Fußgängerzonen voller Menschen und schicken Geschäften, mit Seifenblasenkünstler und Akkordeonspieler; ich sah zu, möglichst schnell wieder aus der Stadt herauszukommen.
Und dann dieses Hotel an der großen Straße kurz vor Hospital de Orbigo…wo die Leute nur spanisch sprachen! Der Wirt legte mir einfach mit ein paar spanischen Worten, die ich nicht verstand, einen Zimmerschlüssel auf die Theke. Aber ich lernte an dem Abend Hans kennen, den schon lange in Deutschland lebenden Holländer, der zu Fuß pilgerte und ebenfalls in diesem einfachen Hotel übernachten wollte.
Vor dem Eingang stand ein Tischchen mit Stempel und Stempelkissen, hier konnte ich meinen Pilgerpass selbst stempeln. In Spanien bekommt man am Camino in jeder Bar einen Stempel für den Pilgerpass, wenn man es möchte. Nach dem Bezug des Zimmers, einer Dusche und etwas Ausruhen, ging ich hinunter in die Bar auf die Suche nach etwas Essbarem und einem Getränk. Hans hielt sich da schon auf mit einem Glas Rotwein, bemerkte mein englisches Gestammel mit dem Wirt und so kamen wir ins Gespräch.
Er erzählte mir etwas von seinem Leben und davon, dass er sich mit dem Pilgern nach Santiago für sein Leben, in dem viel gelungen und es ihm gut gegangen war, bedanken wollte. Ein guter Grund, den Camino zu gehen, finde ich. Er war beruflich nach Deutschland übergesiedelt, hatte dort geheiratet und war jetzt Rentner und noch etwas älter als ich, schon über 70. Er übernachtete auch lieber in Hotel-Zimmern und nicht in Schlafsälen von Pilgerherbergen. Mir tat es gut, dass ich mit jemandem an diesem Abend reden konnte. Im angeschlossenen Restaurant aßen wir zusammen ein Abend-Menue, das im Preis von 35 Euro ebenso wie das Frühstück enthalten war, und unterhielten uns dabei recht angeregt.
Am Morgen des darauffolgenden Tages trafen wir uns noch einmal beim Frühstück in der Bar, obwohl wir uns nicht verabredet hatten.
Es ist gut, mit jemandem in der eigenen Sprache reden zu können, wenn man in einem fremden Land ist und die einheimische Sprache nicht versteht.

So kann man auch pilgern – aber ob es dem Esel gefällt?

Kilometerlang geradeaus, natürlich mit Wind von vorn

Kathedrale von Leon

Camino neben der N120

Opfer des Straßenverkehrs

Wenn man in der Nähe des Jakobsweges am Rand großer Straßen fährt, sieht man ab und zu die Opfer der Motorisierung. Ich nahm sie immer wahr und wünschte ihnen alles Gute:

„Macht es gut ihr Lieben, im Fuchs-, Katzen- und Vogelhimmel."

Von Hospital de Orbigo nach Foncebadon
1.5. - Tag 20

60 interessante Km an diesem Tag, mit schönem Wetter seit Tagesbeginn. In Hospital de Orbigo besorgte ich mir gleich am Morgen in einer Pilgerherberge einen neuen Pilgerpass, denn mein ein Jahr zuvor in Hamburg ausgestellter Pass hatte fast keine freien Flächen zum Stempeln mehr. Bis Santiago hätte er nicht ausgereicht. Ich durchquerte die Stadt Astorga, besuchte dort die sehenswerte Kathedrale, musste kurz vor Foncebadon noch eine Stunde bergan schieben und fand in dem Bergdorf eine gute Herberge, in der ich sogar einen „Single-Room" mit Gemeinschaftsdusche ergatterte. Das einzige Hotel im kleinen Dorf war bereits ausgebucht, wie ich bei meiner Ankunft feststellte; ich war wohl nicht der einzige Pilger, der gern in Hotels übernachtete.
In einem Dorf unterwegs traf ich in einem kleinen Dorfladen, der von einer

jungen Spanierin betrieben wurde und in dem ich mir Wasser und Gebäck kaufte, einen älteren Fußpilger aus der Schweiz. Er erzählte mir von seinem Weg aus der Schweiz hierher, von seiner Ausrüstung, besonders von seinem Ultralight-Zelt war er schwer begeistert; und er erzählte und erzählte ununterbrochen weiter...Er war vielleicht froh, jemand getroffen zu haben, der ihm zuhörte. Mir war es bald zu viel und ich warf ein, dass ich jetzt weiterwollte und machte Anstalten, mein Bicicleta zu besteigen, aber er redete einfach weiter und weiter. Selbst als ich schon ein paar Meter entfernt war, redete er noch. Ich versuche natürlich zu allen Menschen freundlich und höflich zu sein, aber wenn ich mich in Gegenwart anderer nicht mehr ganz so heimelig fühle, verabschiede ich mich auch gern.

Und ich bin ja nicht auf dem Camino, um anderen stundenlang zuzuhören (es sei denn, sie sind in existenzieller Not, das wäre ein anderer Fall), sondern weil ich versprochen habe, zum Grab des Heiligen Jakobus zu kommen, und dazu ist ein entsprechendes Tagwerk auf den Straßen notwendig.

In Foncebadon gibt es viele bergdorf-typische Häuser, die zum Teil verfallen sind, zum Teil von jungen Leuten wiederhergerichtet sind wie meine Herberge. Der Camino ist nicht nur hier auch ein Wirtschaftsfaktor, und der Betrieb einer Pilgerherberge ist für junge Spanier eventuell eine Perspektive. Das Dorf liegt sehr hoch und man hat einen sehr sehr weiten Blick ins Land, in die kastilische Ebene. Alle anderen Gäste waren ebenfalls Pilger, einige Deutsche dabei, abends wurde im kleinen Gastraum gemeinsam an Tischen und Bänken gegessen, es entstand eine gute Stimmung. Ein wenig erinnerte mich die Atmosphäre an Jugendherbergs-/ Pfadfinder-/ Hippie-Stimmung vergangener Zeiten. Mir war schon einmal unterwegs eingefallen, dass die Pilger vielleicht die Hippies von heute sind. Es ist einfach gut, einen langen Weg bzw. Trail zu machen, unterwegs zu sein, jeden Tag weiterzugehen. Ich unterhielt mich noch mit zwei jungen deutschen Frauen, die ihren Urlaub für eine Teilstrecke des Camino nutzten. Und es saß bei uns am Tisch eine junge Koreanerin, die kein Wort Spanisch oder Englisch konnte. Ganz schön mutig. Wir konnten uns nur per Zeichensprache verständigen, was auch ganz nett war.

Menschen aus Südkorea waren des Öfteren auf dem Camino zu sehen, wie ich erfuhr, hing das mit dem Buch eines koreanischen Pilgers zusammen. Hape Kerkeling auf Koreanisch sozusagen.

Später am Abend wurde noch Musik gemacht, mit einer Gitarre und einem Rhythmus-Instrument, aber da lag ich schon eingekuschelt in meinem

Schlafsack auf dem Bett und hörte es nur noch von fern.

Viele Pilger, bestimmt fast alle Jüngeren, haben Smartphones dabei. Ich sah oft Fußpilger mit dem Smartphone in der Hand vorwärtsschreiten oder sich während Pausen damit beschäftigen.

Da ist man schon gut mit der Außenwelt verbunden, kann schnell ein Foto machen und es verschicken, kann in den üblichen sozialen Medien mit anderen kommunizieren, schon von unterwegs in einer Herberge nach einem Bett fragen. Das war in früheren Zeiten sicher völlig anders, Pilger waren in meiner Vorstellung früher total von ihrer Heimat abgeschnitten. Heute ist man unterwegs virtuell per Internet wie zu Hause präsent, wenn man nicht das Gerät unterwegs ausschaltet. Ich selbst finde es auch gut, wenn ich abends in einer Unterkunft Wlan habe und mit meiner Liebsten skypen kann, Mails und Nachrichten lesen kann. Tagsüber bin ich nur mit Telefonanrufen erreichbar (da ich nur ein veraltetes Handy habe), was sehr selten versucht wurde.

Ob die Qualität des Pilgerns vielleicht durch die modernen Kommunikationsmittel leidet?

Vielleicht, vielleicht geht es aber heute auch nicht anders. Ich werde andere Pilger jedenfalls nicht bewerten oder beurteilen. Jeder pilgert so wie es seinen Bedürfnissen und seiner Vorstellung entspricht, und das mach' ich ja auch.

Ein Fahrradpilger in Astorga

Unterwegs

Beeindruckende Schnitzkunst in der Kathedrale von Astorga

Ansicht der Kathedrale von Astorga, mein Fahrrad und zwei alte Nonnen

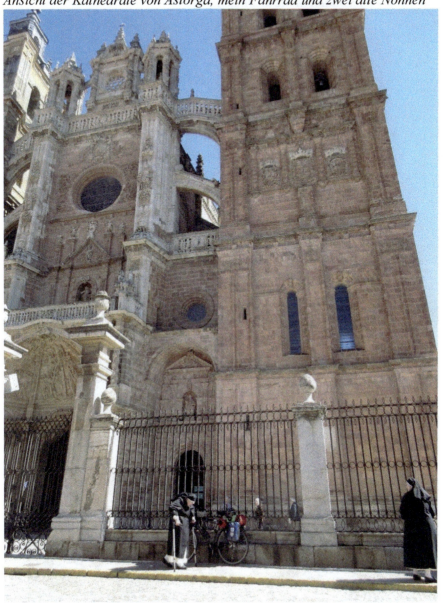

Blick von Foncebadon in die kastilische Ebene

Foncebadon, Dorfstraße

Von Foncebadon nach Vega de Valcarce
02.5. - Tag 21

Am Morgen ging es gleich etwas bergan, und ich kam zum Cruz de Ferro, ein wichtiger Ort für Pilger auf dem Jakobsweg. Das Kreuz aus Eisen ist auf einem Baumstamm befestigt, und es ist Pilgertradition, hier am Fuß des Baumstammes einen von zu Hause mitgebrachten Stein abzulegen. So ist im Laufe der Jahrzehnte schon ein ansehnlicher Steinhaufen entstanden. Ich hatte ein kleines Stück Bernstein vom Ostseestrand mitgebracht, das ich in einen Spalt des Holzes steckte.
Eine englische Pilgerin war so hilfsbereit und fotografierte mich.
Das Wetter war gut, klare Luft und Sonne, und ich genoss die Stille in den Bergen; ich kam durch kleine Bergdörfer mit alten Häusern, hatte immer wieder weite Aussichten, sah die schneebedeckten Gipfel weit entfernt und

eine große Stadt im Tal, und fand den Tag einfach gut. Wie schön die Erdoberfläche ist, dachte ich, und wir haben nichts für diese Schönheit getan, sie ist uns geschenkt worden.

Wie schon in Frankreich am Le Lot dachte ich: Die Erde ist das Paradies, es gibt kein anderes. Dieser blaue Planet ist einfach wunderbar. Ein Gottesgeschenk – die Natur, und dass ich das alles erleben darf.

Nach dem Cruz ging es reichlich bergab, es war recht frisch und durch die kalte Bergluft und die leichte anstrengungslose Abfahrt begann ich zu frieren. Später im Tal wurde es irgendwann angenehm warm, zum Schluss sogar für mein Empfinden heiß. Fast zu heiß nach der kalten Bergluft am Vormittag, und so nahm ich nach 70 Km in Vega de Valcarce in einem Hotel, das etwas von einer Autobahn-Raststätte hatte, ein Zimmer.

Im Tal verfuhr ich mich einmal in einem Ort, hatte den Camino verloren. Zwei spanischen Arbeitern war das aufgefallen – sie riefen mir hinterher „Santiago? Santiago?" und zeigten mir den richtigen Weg. Ab und zu sind hilfreiche Mitmenschen einfach gut!

Blick zurück auf Foncebadon

Am Cruz de Ferro - ich stecke mein mitgebrachtes Bernsteinstück in den Baumstamm

Sehnsüchtig schaut er nach seinen Frauen und seinen Kindern auf der Weide gegenüber – möchte bei ihnen sein

Berge und Täler

Straße in einem Bergdorf

Von Vega de Valcarce nach Sarria
03.5. - Tag 22

Im Hotel hatte ich nicht gut geschlafen, die Hitze im Tal am vorherigen Tag war mir nicht so gut bekommen. Ich nahm mir vor, mehr Pausen zu machen und mehr zu trinken. Mit der Etappe an diesem Tag verließ ich Kastilien und fuhr nach Galizien ein, der nordwestlichen Provinz Spaniens.
Es ging auch wieder bergan mit Schieben des Bicicletas, in der frischen vormittäglichen Luft war das aber erträglich. Berge erzwingen Langsamkeit…Und ich wurde auch wieder belohnt mit kilometerlangen Bergabfahrten und unglaublichen Aussichten. Nach 65 Km kam ich in Sarria an, dort fand ich durch Fragen in einer belegten Pilgerherberge ein gutes kleines Hotel im Zentrum. Mein Fahrrad durfte im Vorratsraum des Hotels übernachten.

Gedanken unterwegs: „Ein Mann und eine Frau können als Paar einen Weg zusammengehen, sie können zusammen ihren Weg finden und gehen. Aber eine Frau bleibt immer eine Frau, und der Mann braucht immer noch seine Männerabenteuer, sonst funktioniert es nicht. Und die Frau braucht sicher auch etwas Eigenes, was weiß ich nicht, ich bin ja keine Frau. Aber Männer brauchen immer auch ihre Abenteuer..." Soweit mal wieder ein paar Gedanken vom Tag in mein Diktaphon gesprochen.

Frauen…, ja, dazu fiel mir unterwegs auch so Einiges ein, denn tagsüber auf dem Fahrrad kommen viele Erinnerungen hoch, aus der Kindheit, dem Erwachsenenleben, und eben zu den Frauen. Ich kann mich da nicht beschweren, auch wenn es nicht ewig, für das ganze Leben funktionierte, so habe ich den Frauen, die mich in meinem Leben jahrelang begleiteten, doch viel zu verdanken. Von jeder habe ich etwas bekommen, nein, nicht nur „etwas", sondern viel Gutes, und die schönsten Stunden in meinem Leben habe ich mit meinen Frauen erlebt. Und jetzt bin ich wieder so gut verbunden…

Ich habe allen Grund, mich zu bedanken.

Unterwegs kam ich bei der berühmten Pilgerstatue auf dem Berg Alto do San Roque vorbei, 1270 m hoch (der Berg, nicht die Statue…). Ein Pilger der sich angestrengt gegen den Sturm stemmt. Das Gesicht dieses Pilgers drückt die Anstrengungen und die Entbehrungen des Pilgerns in früheren Zeiten gut aus.

Und ich machte eine Pause in einer Bar gegenüber dem Kloster im Örtchen Samos (Mosteiro de Samos). Dieses Kloster bietet einen Übernachtungssaal für Pilger an, den ich mir anschauen konnte. Die Einrichtung recht spartanisch, Wände und Decken mit handgemalten Bildern zum Thema „Pilgern" schön dekoriert. Und ich erfuhr: In diesem Saal übernachten seit 800 Jahren Pilger! Sicher mal mehr, mal weniger. Aber was für eine Tradition! Seit 800 Jahren dient dieser Raum Pilgern zum Schlafen. Und diese Tradition lebt weiter…

In Sarria beginnen die letzten 100 km auf dem Camino Francés, diese muss man als Fußpilger besonders gut mit täglichen Stempeln im Pilgerpass nachweisen, um in Santiago die Pilgerurkunde, die Compostela, zu bekommen. Diese 100 Km sind für Fußpilger ausreichend, um als Pilger anerkannt zu werden. Der junge deutschsprechende Priester im Kirchlein von Sarria wies mich darauf besonders intensiv hin. Wobei für Fahrradpilger die letzten 200 Km besonders lückenlos dokumentiert werden müssen, ich hatte mir deshalb meinen Pilgerpass, meine Credencial de Peregrino, die letzten Tage nicht nur am Abend in meinem Übernachtungsort, sondern ebenso unterwegs in Cafe's und Bars abstempeln lassen.

Sarria ist mit einigen Pilgerherbergen und Restaurants mit Pilgermenues gut auf Pilger vorbereitet. Ich konnte in einem netten Restaurant an einem Außentisch ein Pilgermenue und ein Bier zu mir nehmen. Zwei Bier, um ehrlich zu sein. Und Pilgermenue heißt: Vorspeise – Hauptspeise - Dessert zu einem günstigen Preis.

Im Restaurant am Nebentisch saßen zwei ältere deutsche Frauen, die nicht wie Pilgerinnen aussahen, aber wohl irgendetwas mit dem Camino zu tun hatten, vielleicht waren sie „Camino – Touristinnen". Eine der beiden rief den Kellner, hielt ihm ein Weinglas hin und sagte wörtlich auf Deutsch: „Das Glas ist schmutzig." Ich fand den Ton dieser Frau sehr unhöflich und unangemessen. Der Kellner war Profi genug um sich nicht auf Diskussionen einzulassen und brachte ein anderes Glas. Ich selbst hatte mit dem Kellner Englisch gesprochen, nach diesem Vorfall blieb ich nur zu gern dabei.

Galizien

Gesicht eines Pilgers – Teil der Pilgerstatue auf dem Alto do San Roque

Alter galizischer Stall

Kloster in Samos / Mosteiro de Samos

Kirchlein in Sarria

Von Sarria nach Melide
4.5. - Tag 23

70 Km, am Nachmittag wurde es für mein Empfinden sehr heiß. Und ich hatte unterwegs Schnaps getrunken…In Palas de Rei hatte ich mir in einer Herberge einen Stempel geholt, wollte weiterfahren und kam auf dem zentralen Platz an spanischen Rentnern vorbei, die dort im Schatten saßen und Karten spielten. Und die stoppten mich und boten mir ein Getränk an.
Ich dachte das es sich um Wein handeln würde, bei der Menge, die sie mir in einen Plastikbecher gossen – es war aber Schnaps! Und das in der Mittagshitze! Nur mit vielen Gesten und viel Energie konnte ich mich verabschieden und vor dieser Verführung flüchten.
Melide hat kein schönes historisches Zentrum und wenig leicht erkennbare

Infrastruktur für Pilger. Aber ich fand ein gutes Zimmer in einem Hostel für nur 15 Euro. Ein eigenes kleines Zimmer mit Bad für diesen Preis! Das schien mir schon fast zu günstig zu sein.

Am späten Nachmittag konnte ich in der zentralen Kirche einen Stempel ergattern. Vor dem Kircheneingang saß ein Mann mit viel Gepäck und einem netten kleinen Hund. Ob er auch ein Pilger war, konnte ich nicht erkennen. Ich kaufte für ihn in einem Supermercado etwas zu essen und zu trinken und für seinen Hund ebenfalls etwas Leckeres. Die Plastiktüte mit meiner Spende legte ich vor der Kirchentür während seiner Abwesenheit zu seinem Gepäck.

Auf dem Camino war sehr viel Betrieb, je näher ich Santiago kam, desto mehr Menschen schienen unterwegs zu sein. Bei einer Truppe von jungen Leuten hatte ich das Gefühl, dass es sich um eine nordamerikanische Schulklasse handeln könnte. Warum auch nicht.

Am nächsten Tag würde ich bis Santiago kommen, es näherte sich also das Ende meiner Reise, was in mir ein zwiespältiges Gefühl auslöste. In meinem Reisetagebuch notierte ich: „Morgen ist wohl der letzte Tag ‚on the road' für mich. Schade."

Kurz hinter Sarria - Nebel in einem Flußtal oder tiefhängende Wolken?

Galizischer Getreidespeicher auf einem Bauernhof

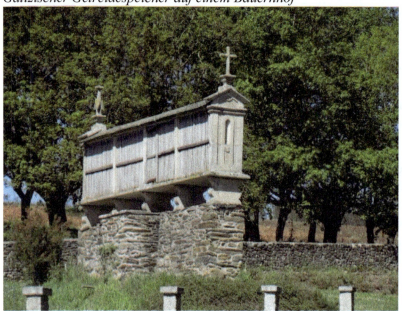

Landschaft

Viel Betrieb auf dem Camino

Nur noch 52 Km bis Santiago! Gut oder nicht gut? Ich weiß es nicht. Ankommen ist gut, aber dass meine kostbare Reise dann zu Ende ist behagt mir auch nicht.

Von Melide nach Santiago de Compostela
5.5. – 6.5. - Tag 24 + 25

10 oder 15 Km vor Santiago liegt der Flughafen, der Aeroporto, den fuhr ich zunächst an, um mich über Flüge nach Deutschland zu informieren. Nach einigem Hin und Her entschied ich mich für die Buchung eines Fluges mit Fahrradtransport nach Frankfurt-Hahn zwei Tage später.
Und dann ging es endlich nach Santiago de Compostela, die letzten Km wurden abgeradelt. Noch einmal insgesamt 60 Km an diesem Tag. Damit hatte ich es geschafft!
Zuerst in die beeindruckende Kathedrale. Mein Fahrrad wollte ich in einen Vorraum mitnehmen, da wurde ich schnell zurechtgewiesen – es musste draußen bleiben. In der Kathedrale staunte ich über die Baukunst und die Ausstattung.
Und natürlich zu St. Jaques, zum Heiligen Jakobus, denn seinetwegen war ich ja gekommen! Hinter St. Jaques kann man eine kleine enge ausgetretene Steintreppe hinauf- und heruntergehen und ihn umarmen oder berühren. Er ist sehr luxuriös ausgestattet mit Gold und einem silbernen Umhang mit Edelsteinen. Ich legte meine Hände auf seine Schultern…ein bewegender Moment. Am Ziel einer langen Reise.

Am späten Nachmittag, nach dem Einchecken ins Hotel, ging ich noch zum Pilgerbüro um meine Compostela, meine Pilgerurkunde, abzuholen! Dort herrschte großer Andrang, ich wartete über 1,5 Stunden. Aber ich bekam sie!
Danach noch einmal in die Kathedrale, es fand gerade eine Messe statt. Die Kathedrale war komplett gefüllt mit Pilgern aus aller Herren Länder.
Eine ältere Nonne sang allein und wunderschön. Diese Frau hatte eine

wunderbare berührende Stimme. Von der Predigt auf Spanisch verstand ich nichts, machte aber nichts. Etwas auf Englisch wurde auch noch erzählt, war aber nicht so wichtig. Die Atmosphäre sprach mich sehr an, ich war wirklich gerührt.

Am nächsten Tag fand um 12 Uhr eine Messe für Pilger statt, die ich natürlich besuchte. Die Kathedrale war überfüllt, viele Menschen saßen auf Steinstufen oder standen. Das Zentrum von Santiago wimmelte vorher schon von Pilgern.

In der Messe wurden wir Pilger in verschiedenen Sprachen begrüßt, auch Deutsch wurde kurz gesprochen. Es wurde auch auf die Möglichkeit, sich nach der Messe mit anderen aus dem gleichen Land zu treffen, hingewiesen. Auch für Deutsche gab es einen Treffpunkt, den ich nach der Messe noch aufsuchte.

Die Nonne mit der wunderbaren Stimme sang wieder, und die Worte des Priesters in den verschiedenen Sprachen sorgten für eine sehr schöne menschliche Atmosphäre. Er sprach uns Pilger direkt an, ich war sehr gerührt und von der Stimmung wirklich ergriffen. Die Verbundenheit mit den vielen anderen Pilgern ist ein sehr schönes Gefühl. Ich denke im Nachhinein, das mir sogar ein paar Tränen...

Und zum Schluss wurde der Butafumeiro angezündet und hin- und hergeschwenkt. Was für ein Anblick..., der wirklich Begeisterung unter uns Pilgern auslöste.

Ich danke allen Pilgern und Kirchenmenschen, dass ich diese Messe so erleben durfte.

Nach der Messe blieb ich noch eine Weile auf meinem Platz sitzen, wechselte ein paar Worte auf Englisch mit anderen Pilgern und ging noch einmal durch die Kathedrale. Ein wunderbares Gebäude.

St. Jaques ist hier sehr luxuriös ausgestattet mit seinem Gold, dem Silber und den Edelsteinen.

Das war auf dem Weg bis hier immer anders, er war immer in einfacher Kleidung zu sehen.

Ansicht der Kathedrale

Andrang im Pilgerbüro der Jakobsgesellschaft

Mein erster Eingang in die Kathedrale

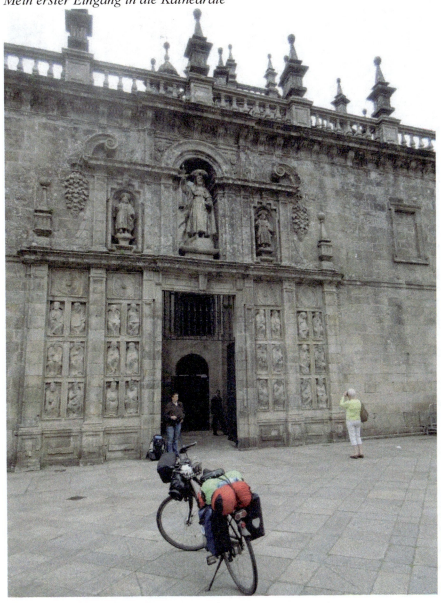

St. Jaques

Der Botafumeiro wird vorbereitet...

...und durch das Kirchenschiff geschwenkt

Geschafft!

Von Santiago de Compostela nach Hause
7.5. – 8.5. - Tag 26 + 27

Nach der zweiten Übernachtung in Santiago wurde es Zeit wieder einmal aufzubrechen, aber diesmal nur die 15 Km zum Aeroporto zu radeln. An einem Stand in der Flughafenhalle konnte ich für 17,50 Euro einen Fahrradkarton erwerben, mein Fahrrad demontieren und im Karton verschwinden lassen.

Vorder- und Hinterrad, Lenker, Sattel und Pedale baute ich ab und verstaute alles mit einem Teil meines Gepäcks im Karton. Der junge Mann vom Verpackungsstand half mir dabei.

Im Flugzeug waren sehr viele deutsche Pilger, mit einem Paar aus Süddeutschland unterhielt ich mich ausgiebig während des Fluges.

In Frankfurt-Hahn, dem Regionalflughafen, baute ich mein Fahrrad gleich wieder zusammen. Von dort musste ich noch zwei Stunden mit einem Bus bis ins Zentrum Frankfurts fahren.

Spät abends fuhr ich dann durchs Bahnhofsviertel in Frankfurt auf der Suche nach einem Hotel umher. Was für ein Kontrast: Am Morgen noch im schönen Santiago de Compostela und abends im Frankfurter Bahnhofsviertel mit seinen merkwürdigen Gestalten. Zurück in die deutsche Realität.

Aber ich fand ein normales Hotel und am nächsten Tag fuhr ich mit der Bahn zurück nach Hamburg. Es war auch gut, wieder Zuhause zu sein.

Back Home – mein Fahrrad schön eingepackt im Aeroporto

Meine Compostela (Pilgerurkunde)

Capitulum huius Almae Apostolicae et Metropolitanae Ecclesiae Compostellanae, sigilli Altaris Beati Iacobi Apostoli custos, ut omnibus Fidelibus et Peregrinis ex toto terrarum Orbe, devotionis affectu vel voti causa, ad limina SANCTI IACOBI, Apostoli Nostri, Hispaniarum Patroni et Tutelaris convenientibus, authenticas visitationis litteras expediat, omnibus et singulis praesentes inspecturis, notum facit: Dnum.

Guntherum Busse

hoc sacratissimum templum, perfecto itinere sive pedibus sive equitando post postrema centum milia metrorum, birota vero post ducenta, pietatis causa, devote visitasse. In quorum fidem praesentes litteras, sigillo eiusdem Sanctae Ecclesiae munitas, ei confert.

Datum Compostellae die 5 mensis Maii anno Dni 2016

Segundo L Pérez López
Decanus SAMC Cathedralis Compostellanae

Stempel im Pilgerpass (Credencial del Peregrino)

Im Pilgerpass steht der Name, Adresse und Personalausweis-Nummer des Pilgers, das Ziel und auch die Fortbewegungsart (in meinem Fall „en bicicleta"). Er dient mit seinen Stempeln dem Nachweis der Pilgerreise, ist Voraussetzung zum Übernachten in Pilgerherbergen und am Ende zum Ausstellen der Urkunde, der Compostela.
Insgesamt habe ich in meinen beiden Pilgerpässen an die 75 Stempel, von denen viele sehr schön sind.

Material – mein Rad

Mein gutes Vélo (ein sogenanntes Trekking-Rad) hat einen sehr leichten Maxcycles-Rahmen („Roadster Man" in schwarz), eine Rohloff–14–Gang-Naben-Schaltung, Magura–Hydraulik-Bremsen, einen selbstgewählten altmodischen „Gesundheitslenker", einen Naben – Dynamo natürlich, und sehr schmale Reifen. Es ist sehr leicht – und schnell.
Mit dem Vélo hatte ich mir vor Jahren einen Traum erfüllt, es ist kein Serien-Rad, sondern wurde mir von meinem Fahrradhändler nach meinen Vorstellungen zusammengebaut.
Es kostete mich sehr viel Geld (über 2000 Euro), das konnte ich mir damals, als ich noch eine gutbezahlte Arbeit und Geld hatte, leisten. Heute würde das mit meiner Rente nicht mehr gehen.
So ist das Leben. Heute habe ich wenig Geld, aber mehr Spaß und Freude (Irgendwie muss ich mich ja trösten).

Material – Buch und Karten

Sehr wichtig war für mich das Buch „Radwandern entlang des Jakobswegs" von Bert Teklenborg, ein kleines Meisterwerk, ISBN 978-3-7022-2626-8. Diesem Buch habe ich sehr viel zu verdanken. Ab Saarbrücken fuhr ich nach diesem Buch, meistens nach der sehr gut beschriebenen und skizzierten Route. Die vielen kleinen Skizzen mit Ortsangaben und Straßennummern waren eine sehr gute Unterstützung. In Frankreich ab Le Puy en Velay (an der Via Podiensis) und in Spanien (am Camino Francés) hat der Autor die Route sehr akkurat immer möglichst nah am Jakobsweg dokumentiert.

Der Jakobsweg selbst (ab Le Puy) ist für Fahrradfahrer meiner Meinung nach nur sehr selten geeignet, das mag ein sportlicher Montainbike-Fahrer vielleicht nicht ganz so sehen, aber ich war ja mit meinem schnellen Tourenrad mit schmalen Reifen unterwegs. Und ich bin keine 25 mehr, sondern bereits leicht über 60 Jahre jung.

Verfahren habe ich mich nur selten und geringfügig, nur einmal kam ich richtig weit ab, als ich in Frankreich von Nogaro nach Pau fuhr.

Meine Route von Hamburg nach Saarbrücken hatte ich mir selbst überlegt, per Straßenkarte und Internet detailliert ausgearbeitet. Sämtliche Orte hatte ich mir auf einer DIN-A4-Seite nacheinander notiert, dabei fehlte mir allerdings völlig das Gefühl für Steigungen, Berge und Hügel, was mich in Koblenz in Anbetracht der bergig/hügeligen Realität bewog, nicht direkt in gerader Linie durch den Hunsrück nach Saarbrücken zu fahren, sondern lieber den Mosel-Radweg zu nehmen. Als Bewohner der norddeutschen Tiefebene fehlte mir zunächst das Bewusstsein dafür, dass eine Tour auch stundenlag nur Bergauf-Fahren bedeuten kann.

Meine Straßen-Karten:
Deutschland: Michelin Nr. 718, 1:750 000
Frankreich: Michelin Nr. 791, 1:1 000 000
Spanien: Marco Polo „Spanische Atlantikküste" und Marco Polo „Pyrenäen / Costa Brava", 1:300 000.

Gepäckliste

Mein Gepäck habe ich auf mehreren kleineren Fahrradreisen immer mehr optimiert, immer mit der Maßgabe: möglichst wenig Gewicht, nur absolut Notwendiges. Trotzdem kamen mit Getränken 18 – 20 Kg zusammen.

IPad (war gut des Abends, wenn es Wlan in der Unterkunft gab)
Fotoapparat
Diktaphon (gut um unterwegs Gedanken festzuhalten)
Handy (kein Smartphone)
Werkzeug (habe ich unterwegs nie gebraucht, aber zur Demontage im Flughafen)
Medikamente
Zelt (1-Personen-Zelt „Gossamer Jack Wolfskin", nur für den ersten Teil der Reise 2015 bis Le Puy en Velay)
Schlafsack (Armee-Schlafsack bis – 12 °)
Luftmatratze (zum Aufblasen, sehr kleines Packmaß)
Regenkleidung (Jacke, Hose, Handschuhe, Gamaschen)
Lange und kurze Hose, lange Unterhose
Mütze (Kälte), Hut (Sonnenschutz)
Pullover
Hemden
Schlafanzug
Unterwäsche
Badelatschen
Handtücher
Reinigungsmittel (Seife, Zahnbürste und – pasta, Waschmittel für Kleidung)
Sonnencreme
Wasser
Notvorrat (meistens Sonnenblumenkerne)
Straßenkarten
Zwei Bücher (Ein Routenführer und ein Entspannungsbuch)
Notizbuch

Meine beiden Ortlieb-Packtaschen und meine Ortlieb-Lenkertasche waren gut gefüllt, das Zelt befestigte ich am Lenker; Luftmatratze, Schlafsack und Regenkleidung auf dem Gepäckträger.

Kleiner Rückblick

Geschafft: Komplett 3360 Km von Hamburg nach Santiago de Compostela mit dem Fahrrad abgefahren.

Die erste Hälfte (1700 Km) im Frühjahr 2015, die Zweite (1660 Km) im Frühjahr 2016. Zuerst von Hamburg nach Le Puy en Velay, 2016 von Le Puy nach Santiago.

Hat es sich gelohnt? Ja!

Ich habe so viel gesehen, erlebt, gehört, mitgemacht – ohne diese einmalige Reise würde mir etwas fehlen, wäre mein „Reisehunger" nicht so gestillt wie jetzt, wäre ich nicht der, der ich bin. Das hört sich vielleicht etwas hochtrabend an – natürlich bin ich kein anderer Mensch geworden, aber ich habe mich mit dieser Reise weiterentwickelt, habe meine früheren Grenzen überschritten.

Wie heißt es so schön: Wenn du etwas erleben willst, was du noch nie erlebt hast, musst du etwas tun, was du noch nie getan hast.

War es ein Weg zur Religion, zu mehr Spiritualität? Das werde ich ja ab und zu gefragt.

Ja, zum Teil schon. So eine Reise besteht aber primär wie das alltägliche Leben aus harter Arbeit, Fortkommen auf der Straße, dem Kümmern um sich selbst, den richtigen Weg finden, die Schönheiten fremder Orte und Landschaften registrieren und aufnehmen, ebenso wie die unschönen Teile.

Nur für mich allein verantwortlich fuhr ich jeden Tag ins Ungewisse (ich wusste nie, wie weit ich kommen würde) – und kam doch an meinem Ziel an.

Der Weg war nicht so schön, magisch und wunderbar, wie ich es vorher erträumt und phantasiert hatte. Er war hart, es ging bergan und bergab, ich sorgte mich um Quartiere und Unterkünfte für mich, ich musste mich um Nahrung und Getränke kümmern, darauf achten, dass ich genug aß und trank.

Auch so eine Reise wird eben stark von alltäglichen Dingen bestimmt: Schlafen, Essen, Trinken, Duschen, Packen, Wege finden, Fahren. Fahren, fahren, fahren, fahren. Jeden Morgen wusste ich nicht, wo ich abends sein würde. Da mir das Fahrradfahren durch fremde Landschaften, Orte und Länder aber viel Spaß macht und meine Neugierde jeden Tag angefeuert wurde, war es niemals langweilig. Das Adrenalin und die Faszination versiegten an keinem einzigem Tag.

Und ich traf ja unterwegs auch immer wieder nette freundliche Menschen. Wie oft habe ich es erlebt, das Menschen nicht meine Sprache konnten und ich nicht die ihre und trotzdem kam ein freundlicher Kontakt zustande.
Ich habe vermutlich auch deshalb so viel Unterstützung und Freundlichkeit bekommen, weil ich als Pilger unterwegs war. Dafür bin ich dankbar. Und das Erlebnis mit der und das Gefühl für die Verbundenheit der Pilger untereinander war und ist etwas sehr Besonderes.
Ja, und ein bisschen Magie gab es auch, oben im Aubrac und beim Fahren am Le Lot und der Cele, in Foncebadón, beim Cruz de Ferro, beim Gesang der Nonne in der Kathedrale in Santiago, beim Schwenken des Butafumeiro…
Gut, dass ich das geschafft habe. Dass ich diese Reise machen konnte. Mit 63 bzw. 64 Jahren von Hamburg nach Santiago! Es ist schon ein kleines Privileg, die Möglichkeit zu so einer Reise zu bekommen. Dafür bin ich sehr dankbar.
Aber jetzt muss es weitergehen. Wohin? Egal. Nein – nicht egal.
Der Weg, mein Weg, muss weitergehen.

Auf die Schnelle fiel mir zunächst allerdings kein „weiterer Weg" ein. Der Jakobsweg ist etwas Besonderes, als Pilger unterwegs zu sein ist mit „normalen" Fahrradreisen nicht zu vergleichen. Nach dieser Reise hatte ich erstmal keine Idee mehr davon, was ich als Nächstes tun könnte. Ich fiel in ein kleines Loch.
Ich hoffe, dass sich mir irgendwann der nächste Abschnitt meines Weges zeigt.
Und ich habe da schon eine Ahnung…

Schön wäre es, wenn dieser Bericht andere Menschen anregen würde, ebenfalls aufzubrechen. Es lohnt sich. Ein bisschen Training kann nicht schaden, aber dann: Losfahren…Ihr werdet schon ankommen.

Mein gesamter Weg – 3360 Km